PELÉ

"**PARA DONA CELESTE,
COM MUITO AMOR.**"

Dados Internacionais de Catalogação na Publicação (CIP)
(Câmara Brasileira do Livro, SP, Brasil)

Nascimento, Edson Arantes do
   A importância do futebol / Pelé, com Brian Winter ; [tradução Marcelo Ferlin]. -- 1. ed. -- Santos, SP : Realejo Edições, 2014.

   Título original: Why soccer matters.

   ISBN 978-85-99905-64-7

   1. Brasil - Copa do Mundo (Futebol) - História 2. Futebol - Brasil - História 3. Jogadores de futebol - Autobiografia 4. Memórias autobiográficas 5. Pelé I. Winter, Brian. II. Título.

14-03587   CDD-796.334092

Índices para catálogo sistemático:
1. Jogadores de futebol : Memórias autobiográficas
   796.334092

All rights reserved including the right of reproduction in whole or in part in any form.

This edition published by arrangement with Celebra, a member of Penguin Group (USA) LLC, a Penguin Random House Company.

Realejo Livros
Av. Marechal Deodoro, 02. Conzaga – CEP 11060-400
Santos – SP - Brasil
Email marechal@realejolivros.com.br
Site www.realejolivros.com.br

PELÉ
A IMPORTÂNCIA DO FUTEBOL

OM BRIAN WINTER

INTRODUÇÃO

Quando fecho os olhos eu ainda consigo visualizar a minha primeira bola de futebol.

Na verdade, a bola era apenas algumas meias amarradas juntas. Meus amigos e eu pegávamos "emprestado" meias dos varais da vizinha e chutávamos a "bola" por horas e horas. Corríamos pelas ruas, gritando e dando risada, brigando pela bola por horas até o sol finalmente se pôr. Como você pode imaginar, algumas pessoas na vizinhança não ficavam muito felizes com a gente! Mas éramos loucos por futebol e éramos pobres demais para ter qualquer outra diversão. E de qualquer forma as meias sempre voltavam para seus legítimos donos, talvez um pouco mais sujas que quando as pegamos "emprestado".

Mais tarde eu iria praticar com uma toranja ou com dois panos de prato amarrados juntos ou mesmo com o lixo. Foi só quando eu já era quase adolescente que começamos a jogar com bolas de verdade. Quando eu participei da minha primeira Copa do Mundo, em 1958, eu tinha 17 anos, e usávamos uma simples bola de retalhos de couro – mas até essa bola hoje parece uma relíquia. Afinal, o esporte mudou muito. Em 1958 os brasileiros tinham de esperar até um mês para poderem ir aos cinemas ver imagens da final entre o Brasil e o time anfitrião, a Suécia. Já durante a última Copa, em 2010, na África do Sul, pouco mais de 3,2 bilhões de pessoas assistiram à final entre a Espanha e a Holanda. Acredito que não seja coincidência o fato de que as bolas de futebol que os jogadores usam hoje sejam essas orbes sintéticas, brilhantes e multicoloridas, objetos testados em túneis de vento para assegurar que tenham o rolamento perfeito. Para mim, as bolas de hoje parecem mais naves espaciais alienígenas do que algo que você mesmo possa chutar.

Penso em todas essas mudanças e digo a mim mesmo: cara, estou velho! Mas também me maravilho ao ver como o mundo evoluiu – e em muitas coisas para melhor – nas últimas sete décadas. E também vejo como um garoto negro da zona rural do Brasil, que cresceu chutando lixo e bolas de meia em ruas poeirentas, conseguiu estar no centro de um fenômeno global, assistido por bilhões de pessoas ao redor do planeta!

Neste livro eu tento descrever algumas das mudanças incríveis que vi e os acontecimentos que tornaram a minha jornada possível. Também falo de como o futebol ajudou a fazer do mundo um lugar um pouco melhor, unindo comunidades e dando a crianças carentes, como eu mesmo, um objetivo na vida e um sentimento de orgulho. Esta não é uma biografia nem um livro de memórias tradicional – nem tudo o que aconteceu na minha vida está nestas páginas. Em vez disso, tentei contar histórias que estão interligadas e que mostram como evoluí como uma pessoa, como um jogador e também mostram um pouco de como o futebol se desenvolveu pelo mundo. Para fazer este livro, eu me concentrei em cinco Copas do Mundo, começando com a Copa de 1950, realizada aqui, quando eu era só uma criancinha, e terminando com o evento que o Brasil volta a sediar mais uma vez, em 2014. Por diferentes motivos cada um desses torneios é um marco na minha vida.

Quero contar essas histórias com toda a humildade e reconhecendo a sorte incrível que tive. Sou grato a Deus e a minha família por todo o apoio. Tenho muita gratidão por todas as pessoas que dedicaram seu tempo para me ajudar ao longo do caminho. E também agradeço ao futebol, o mais belo dos jogos, por tomar conta daquela criancinha chamada Edson e deixá-la viver a vida do "Pelé".

EDSON ARANTES DO NASCIMENTO | "PELÉ"
SANTOS, BRASIL | SETEMBRO DE 2013

BRASIL, 1950

1

"GooooooooooolllllllllIII!!!!!!!!"

A gente ria.. A gente gritava. A gente pulava. Todos nós, a minha família inteira reunida em nossa casinha. Como qualquer outra família no Brasil.

A quase quinhentos quilômetros dali, diante de uma multidão barulhenta no Rio de Janeiro, a poderosa seleção brasileira batia no pequeno Uruguai na final da Copa do Mundo. Nosso time era o favorito. Nosso momento havia chegado. E, no segundo minuto do segundo tempo, um de nossos centroavantes, Friaça, driblou um zagueiro e mandou uma bola baixa na direção do gol. A bola passou pelo goleiro e balançou a rede.

Brasil 1, Uruguai zero.

E foi bonito – mesmo que a gente não pudesse ver com nossos olhos. Não havia TV em nossa pequena cidade. Na verdade, as primeiras transmissões de TV no Brasil estavam ocorrendo durante aquela Copa – mas apenas para o Rio de Janeiro. Portanto, para nós, para a maioria dos brasileiros, havia apenas o rádio. Nossa família tinha um rádio gigante, quadrado, com botões redondos e uma antena em forma de

V. O rádio ficava num canto da sala, onde agora estávamos dançando loucamente, vibrando e gritando.

Eu tinha nove anos de idade, mas nunca me esqueci daquela sensação: a euforia, o orgulho, a ideia de que meus dois grandes amores – o futebol e o Brasil – estavam unidos para a vitória, os melhores do mundo. Eu me lembro da minha mãe, de como ela sempre estava sorrindo. E do meu pai, o meu herói, tão inquieto naquele tempo, tão frustrado com a interrupção de seus sonhos de boleiro – e naquele momento parecia tão jovem, abraçando os amigos, tomado pela felicidade.

Tudo isso durou exatos 19 minutos.

E eu, como milhões de outros brasileiros, teria ainda de aprender uma das duras lições da vida – que, na vida, assim como no futebol, nada está garantido até o apito final.

Ah. Mas como a gente ia saber disso? Éramos um povo jovem, praticando um jogo jovem, em uma nação também jovem.

A nossa jornada estava apenas começando.

2

E até aquele dia – **16 de julho de 1950, uma data que** nenhum brasileiro esquece, como o aniversário de morte de uma pessoa querida – era difícil imaginar algo que pudesse unir o nosso país.

Os brasileiros eram separados por muitas coisas naquele tempo – o tamanho imenso do país era uma dessas coisas. Nossa pequena cidade de Bauru, encimada no planalto que atravessa o interior do Estado de São Paulo, parecia um lugar bem distante do *glamour* e das praias da então capital do Brasil, o Rio de Janeiro, onde se daria a final da Copa do Mundo. O Rio queria dizer samba, calor tropical, garotas de biquíni – tudo aquilo que os estrangeiros ima ginam quando pensam no Brasil. Em comparação, fazia tanto frio em Bauru no dia da final que mamãe decidiu manter aceso o fogo da nossa cozinha – era uma extravagância, mas ela tinha esperança de que o calor do fogão esquentasse a sala de estar e não deixasse os nossos convidados morrerem de frio.

A gente se sentia distante do Rio naquele dia. E só posso tentar imaginar quais eram os sentimentos dos nossos companheiros brasileiros na Amazônia, nas vastidões do Pantanal ou ali na aridez pedregosa do sertão nordestino. O Brasil é maior que a área contínua dos Estados Unidos (ou seja, se você deixar de lado o Havaí e o Alasca) e parecia ainda maior naqueles tempos, quando só os muito, muito ricos tinham condições de ter automóveis e quase não havia estradas asfaltadas. Então, poder assistir a qualquer evento fora da sua cidade natal era um sonho distante para a maioria; eu só tive oportunidade de ver e conhecer o mar depois dos quinze anos de idade, imagine então poder ver uma garota de biquíni!

Na verdade, não era apenas a geografia que nos mantinha distantes. O Brasil, um lugar abundante de muitas formas, abençoado com ouro e petróleo, que produzia café e oferecia milhões de outras oportunidades, sob muitos aspectos podia ser visto como sendo dois países diferentes. Os milionários e a classe política do Rio de Janeiro tinham suas mansões em estilo parisiense, seus jóqueis clubes e podiam passar férias na praia. Mas naquele ano, em 1950, quando o Brasil sediava a Copa do Mundo pela primeira vez, algo como a metade dos brasileiros não tinha regularmente o que comer. Apenas um em cada três brasileiros sabia ler. Meu irmão, minha irmã e eu pertencíamos à metade da população brasileira que andava descalça. Essa desigualdade está enraizada em nossa política, nossa cultura e nossa história – eu pertencia à terceira geração nascida livre da minha família, ou seja, não escrava.

Muitos anos depois, quando já tinha encerrado a minha carreira, eu encontrei o grande Nelson Mandela. De todas as pessoas que tive o privilégio de conhecer – papas, presidentes, reis, estrelas de Hollywood – nenhuma me impressionou mais. O Mandela disse: "Pelé, aqui na África do Sul temos muitas pessoas diferentes e que falam línguas diferentes. Lá no Brasil vocês têm tanta riqueza e apenas uma língua, o português. Então por que o seu país não é rico? Por que o Brasil não é uma nação unida?" Eu não tinha uma resposta naquele momento e não tenho uma resposta decente agora. Mas na minha vida, nos meus setenta e três anos, eu testemunhei o progresso do Brasil e do mundo. E acredito que sei quando ele começou.

Sim, as pessoas podem amaldiçoar o 16 de julho de 1950. Eu entendo; eu também xinguei muito! Mas na minha cabeça esse foi o dia em que os brasileiros deram início à longa jornada na direção de uma união maior. Foi o dia em que um país inteiro se reuniu em torno do rádio, comemorou junto e sofreu junto, pela primeira vez estávamos como uma nação.

Esse foi o dia em que nós brasileiros começamos a ver o verdadeiro poder do futebol.

3 **Minhas memórias mais antigas do futebol são de** jogar na rua, cruzando a bola por casinhas de tijolo e ruas esburacadas, marcando gols e rindo como louco entre rajadas de vento frio. Jogávamos futebol por horas, até os pés doerem e o sol se pôr e nossas mães nos chamarem de volta para nossas casas. Nada de equipamento sofisticado, nada de uniformes caros. Apenas uma bola – ou algo parecido com uma. É aí que reside a beleza do jogo.

E o que eu fazia com a bola... bem, quase tudo o que eu sei aprendi com o meu pai, João Ramos do Nascimento. E como praticamente todos os brasileiros, ele também era mais conhecido pelo apelido, o dele era Dondinho.

Dondinho veio de uma cidadezinha de Minas Gerais, Estado que nos tempos coloniais tanto ouro produziu. Quando Dondinho conheceu a minha mãe, Celeste, ele ainda fazia o serviço militar obrigatório. E ela ainda era estudante. Eles se casaram quando minha mãe tinha apenas 15; aos 16 ela já estava grávida de mim. Meus pais me chamaram de "Edson" – por causa de Thomas Edison, porque quando eu nasci, em 1940, as lâmpadas de luz elétrica tinham acabado de chegar à nossa cidade. Eles ficaram tão impressionados que decidiram homenagear o inventor da lâmpada elétrica. Depois descobrimos que ficou faltando uma letra, mas sempre gostei do meu nome.

O Dondinho levava a sério seus dias de soldado, mas a verdadeira paixão dele era o futebol. Com mais de 1,80m, ele era alto para os padrões da época, e tinha muita habilidade com a bola. E um talento para saltar bem alto e marcar gols de cabeça, algo que ele fez cinco vezes em uma única partida. Essa marca devia ser – e ainda é – um recorde nacional. Anos depois, as pessoas diriam, com algum exagero, que o único recorde brasileiro que não pertence ao Pelé, pertence ao pai do Pelé!

Mas nada disso é coincidência. Tenho certeza de que Dondinho poderia ter sido um dos maiores jogadores do Brasil. Ele só nunca teve a oportunidade para chegar lá.

Quando eu nasci, meu pai jogava num time semiprofissional da cidade mineira de Três Corações. Para dizer a verdade, não dava para ganhar a vida com aquilo. Naquela época apenas alguns poucos times de elite pagavam salários decentes. Então, ser jogador de futebol tinha um certo estigma – era como ser dançarino ou artista ou qualquer profissão que você exerce por amor e não porque há dinheiro envolvido. Nossa família se mudava de cidade em cidade, sempre atrás do próximo contracheque. Teve um período em passamos um ano inteiro vivendo num hotel – mas não, digamos, um hotel de luxo. Era mais, como a gente brincava, um hotel zero estrelas para jogadores de futebol –, um desses hotéis que acomodavam de vendedores ambulantes a vagabundos.

Pouco antes de eu completar dois anos, em 1942, parecia que finalmente todo o sacrifício ia finalmente ser recompensado. Dondinho conseguiu o que seria sua grande arrancada. Ele foi chamado para jogar pelo Atlético Mineiro, que era o clube maior e mais rico de Minas Gerais. Era enfim a oportunidade de conseguir sustentar a nossa família e quem sabe até com algum conforto. Meu pai tinha apenas 25; ele tinha toda uma carreira diante dele. Mas foi durante a primeira partida, contra o São Cristóvão do Rio de Janeiro, que veio o desastre, quando o Dondinho colidiu a toda velocidade com um zagueiro adversário chamado Augusto.

Não seria a última vez que ouviríamos falar desse Augusto, que iria se recuperar e seguir adiante, mas infelizmente foi o ponto alto da carreira de Dondinho. Ele machucou feio o joelho – os ligamentos e talvez o menisco. Eu digo "talvez" porque ainda não havia ressonância magnética, e na verdade não existia medicina esportiva no Brasil naquela época. Não sabíamos qual era o problema com o joelho do Dondinho nem como tratar dele. Tudo o que a gente sabia era colocar gelo sempre que doía, deixar a perna levantada e esperar pelo melhor. Não preciso dizer que o joelho do Dondinho nunca se recuperou completamente.

Incapaz de voltar ao campo para o segundo jogo, Dondinho foi rapidamente cortado do time e mandado de volta a Três Corações. E assim começou os anos de trabalho, de seguir uma carreira forçada, um período que a gente lembra como de constante esforço de nossa família por juntar as pontas e garantir o nosso sustento.

Mesmo quando as coisas melhoravam, tudo continuava difícil – e agora Dondinho estava sempre em casa, tentando manter o joelho levantado, na esperança de que de algum modo voltaria a ficar bom e que ele poderia retornar ao Atlético ou conseguir outra proposta igualmente lucrativa com outro time. Eu entendo por que ele fazia isso; ele achava que era o melhor caminho para prover uma vida melhor para a família. Mas ele não tinha condições de jogar futebol, havia pouco dinheiro entrando e, claro, não havia amparo social no Brasil nos anos 1940. Enquanto isso, havia mais bocas para alimentar – meu irmão Jair e minha irmã Maria Lucia tinham acabado de chegar ao mundo. A mãe do meu pai, Dona Ambrosina, veio morar com a gente, assim como o irmão da minha mãe, o Tio Jorge.

Meus irmãos e eu usávamos roupas de segunda mão e às vezes roupas costuradas de sacos de estopa de carregar farinha. Não tínhamos dinheiro para sapatos. Havia dias em que a única refeição que mamãe fazia para nós era pão com uma fatia de banana, complementado com o arroz e o feijão que o Tio Jorge trazia de seu trabalho no armazém. Mas esse complemento nos fazia afortunados em comparação com muitos brasileiros – a verdade é que nunca passamos fome. Nossa casa era espaçosa, não morávamos num cortiço nem numa favela. Mas o telhado tinha vazamentos e com qualquer tempestade o piso de casa ficava molhado. E havia a constante preocupação, que todos nós tínhamos, até as crianças, sobre de onde viria a nossa próxima refeição. Qualquer um que já tenha sido pobre nesse nível pode dizer da incerteza e do medo, um medo que, no momento que entra nos seus ossos, nunca mais te abandona. Para dizer a verdade, mesmo hoje, eu ainda volto àquela sensação.

A sorte da nossa família melhorou um pouco quando nos mudamos para Bauru. Meu pai conseguiu um emprego na Casa Lusitânia – um armazém que pertencia ao mesmo homem que era dono do Bauru Atlético Clube, o BAC, um dos dois times semiprofissionais da cidade. Dondinho era um garoto de entregas durante a semana, fazendo e servindo café, ajudando a entregar pacotes. E nos fins de semana era o craque do BAC.

Em campo, quando estava com boa saúde, meu pai mostrava lampejos do brilho que um dia já o tinha levado a tão perto do estrelato. Ele fez muitos gols e, em 1946, ajudou o BAC a ser campeão da liga semiprofissional do interior de São Paulo. Ele também tinha um certo carisma, um modo de se portar com elegância. E bom humor. Mesmo com a má sorte que se abateu sobre a carreira de boleiro. Praticamente todo mundo em Bauru o conhecia e gostava dele. Onde quer que eu fosse, era conhecido como o filho do Dondinho, um título do qual ainda sinto muito orgulho. Mas os tempos eram difíceis e eu me lembro de pensar que não valia muita coisa ser famoso se você não conseguia garantir a refeição da família.

Acredito que o Dondinho poderia ter procurado desenvolver outras habilidades, outra ocupação. Mas o futebol pode ser tão generoso quanto cruel. Aqueles que caem sob seu encanto nunca conseguem escapar. E quando Dondinho percebeu que o seu próprio sonho estava se desfazendo, decidiu se dedicar de corpo e alma a cuidar do sonho de outra pessoa.

4

"Ah, então você acha que é bom, é?"

Eu ficava só olhando para os meus pés e sorria.

"Chute a bola aqui", ele dizia, apontando um ponto na parede de casa.

Se eu conseguisse acertar – e geralmente conseguia – ele ria por um momento e de repente voltava a ficar sério.

"Muito bem! Agora com o outro pé."

Bam!

"E agora com a cabeça."

Bam!

E a gente continuava, por horas e horas, às vezes até bem de noite, só nós dois, ele e eu. Esse era o bê-á-bá do futebol em seu mais básico: drible, chute, passe e recebimento de bola. Como a gente raramente tinha acesso ao campo de futebol da cidade, usávamos o espaço disponível, que consistia em nosso quintal minúsculo e a rua em frente de casa, que era chamada de Rua Rubens Arruda. Às vezes ele me contava histórias das partidas que havia jogado e me mostrava os lances que havia aprendido e os que ele mesmo inventara. E às vezes ele falava do irmão mais velho, que jogava na posição de meia e que meu pai dizia ser melhor que ele mesmo, mas que tinha morrido aos 25 anos – outra promessa do futebol da família Nascimento que infelizmente não viveu para desenvolver seu potencial.

Na maioria das vezes era apenas treino, o aprendizado das noções básicas do jogo. Alguns dos exercícios, percebo hoje, eram bem engraçados. Um consistia em amarrar uma bola no alto de um galho e ficar cabeceando aquela bola por horas. Mas isso era brincadeira de criança comparado à técnica de Dondinho para me ensinar o jeito correto de cabecear a bola na direção do gol. Ele segurava a bola com as duas mãos e me acertava no meio da testa, várias e várias vezes. "Não pisca! Não pisca!" ele dizia. A explicação dele era que para ser bom de verdade eu precisava aprender a manter meus olhos abertos quando a bola acertasse minha cabeça. Ele me disse até para eu fazer isso sozinho, quando estivesse sentado dentro de casa eu devia pegar a bola e acertar a minha cabeça. E eu fazia isso – nem imagino como eu devia parecer ridículo! Mas, obviamente, Dondinho achava que isso era muito importante – e ele estava certo. Foi uma lição que me seria muito útil depois.

Além de cabecear, havia duas outras habilidades em particular que Dondinho queria que eu focasse: 1) Manter a bola o mais próximo do corpo quando estivesse driblando, e 2) ser capaz de usar os dois pés, fazer com o pé esquerdo tudo o que eu sabia fazer com o pé direito.

Por que ele insistia nessas coisas? Talvez por causa dos espaços pequenos onde jogávamos – nas ruas de Bauru e nos quintais e becos. Mas também, talvez, porque meu pai percebia que eu era pequeno e esquelético. E tinha certeza de que eu seria baixinho; adulto, chegaria a passar de 1,70m. Então, ao contrário de Dondinho, eu não teria nenhuma vantagem natural em campo. Se eu não pudesse ser mais forte que os outros jogadores nem saltar mais alto que eles, eu tinha de ser mais habilidoso. Eu teria de aprender a fazer da bola uma extensão de mim mesmo.

Dondinho me ensinou todas as coisas, mas, claro, fazia isso arriscando o próprio pescoço. Minha mãe, Dona Celeste, temia a possibilidade de que seu filho mais velho se tornasse um jogador de futebol. E quem poderia culpá-la? Para Dona Celeste o futebol era um beco sem saída, um caminho direto para a pobreza. Ela era uma mulher forte, que sempre tomou conta da gente. E sempre ficava com ela o peso de ser a única pessoa sensata e responsável em uma casa de sonhadores. Ela queria que eu dedicasse o meu tempo livre aos estudos, então um dia eu poderia fazer uma vida para mim mesmo. Tanto naquela época como no presente ela sempre foi como um anjo soprando em novos ouvidos, sempre nos encorajando a fazer a coisa certa, moral, construtiva. Ela queria vidas melhores para todos nós. Então, naquele tempo, quando me flagrava jogando futebol, ela me passava o maior sabão. E à vezes era uma surra de sermão!

Apesar dos esforços bem-intencionados dela, ninguém conseguia fazer o meu pai desistir. E o que mais ela podia fazer? Nos dois tínhamos febre de bola. E enquanto o tempo passava e nós jogávamos no quintalzinho de casa, chegou um ponto em que Dona Celeste apenas ia lá, botava as mãos no quadril e soltava um suspiro resignado:

"Que beleza. É o seu filho mais velho! Depois não venha reclamar comigo quando ele estiver passando fome em vez de ter estudado para virar médico ou advogado!"

Dondinho apenas abraçava minha mãe pela cintura e dava risada.

"Não se preocupe, Celeste. A menos que aprenda a usar corretamente o pé esquerdo, você não tem com o que se preocupar!"

O pai ou a mãe com sonhos frustrados de grandeza no esporte, treinando um filho ou uma filha para seguir seus passos – é a velha e perigosa história. Algumas crianças se ressentem do fardo que vem com a expectativa dos pais. Outras crianças, colocadas sob tamanha pressão, simplesmente não aguentam. Algumas nunca mais voltaram a chutar uma bola.

Eu nunca senti nada disso. A verdade era que eu amava o futebol. Eu amava a sensação da bola nos pés, o sol no rosto, a camaradagem que vinha do trabalho em equipe, a eletricidade que corria pelas minhas veias quando eu marcava um gol. Mas, acima de tudo, eu amava aqueles momentos que passava com meu pai. Durante as longas horas em que ficamos praticando, acho que Dondinho nunca acreditou que eu viria a ser rico ou famoso, pelo menos não naqueles anos de aprendizado. Acho que apenas amava aquele esporte danado – e queria passar para o filho esse amor.

E conseguiu. Sou obrigado a dizer que esse amor pelo futebol nunca esmoreceu. Está impregnado em mim, é como uma religião ou uma língua que você aprende a falar desde o berço. Meu pai já se foi. Mas a coisa maravilhosa disso tudo é que em todos esses anos eu nunca fui capaz de separar o meu amor pelo futebol do amor que eu sentia pelo meu pai.

5 **Ao longo da minha vida eu tive a honra de poder jogar** em quase todos os grandes estádios do mundo – o Maracanã no Rio de Janeiro, Camp Nou em Barcelona e até no Yankee Stadium de Nova York. Mas as minhas primeiras competições aconteceram no glorioso estádio Rubens Arruda – que não era de fato um campo de futebol, mas um rua empoeirada na frente de nossa casa em Bauru. As crianças da vizinhança foram os meus primeiros adversários. Usávamos sapatos velhos para demarcar o gol; as casas em volta ficavam de fora dos limites do campo (na maioria das vezes); e se um chutão arrebentasse as lâmpadas da rua ou uma janela, nós corríamos como loucos, embora todo mundo pensasse que a culpa devia ser minha, já que eu era conhecido por ser o mais entusiasmado do bando. Acho que essa era uma desvantagem de ser o filho do Dondinho!

As nossas peladas na rua ilustram o meu pensamento de que o futebol une mais as pessoas do que qualquer outra atividade. Outros esportes, como baseball, críquete ou futebol americano demandam todo tipo de equipamento caro e times rigidamente organizados. Então são esportes pouco acessíveis para um turma de crianças pobres e desorganizadas de um lugar como Bauru. Mas tudo o que a gente precisava para jogar futebol era de uma bola. E aí podia ser um jogo um-a-um ou onze contra onze, a diversão era a mesma. Em nossa vizinhança eu podia correr a qualquer hora do dia e encontrar pelo menos seis ou sete crianças para jogar. Nossas mães estavam logo ali, então podiam ficar de olho na gente. Mas não havia muito com o que se preocupar em uma cidadezinha brasileira nos anos 1940 – não havia automóveis, crimes violentos eram raros e quase todo mundo da vizinhança se conhecia. Portanto, não importava a hora do dia, o estádio Rubens Arruda estava sempre recebendo alguma partida, a menos que o juiz – ou seja, minha mãe – paralisasse a brincadeira.

Outra coisa importante do futebol é que literalmente qualquer um podia jogar – você podia ser pequeno, alto, forte ou magro, mas desde que você pudesse correr e chutar, estava perfeitamente capacitado para entrar em campo. E como resultado as nossas partidas reuniam uma incrível diversidade de crianças. Cada jogo era como uma pequena reunião das Nações Unidas: nós tínhamos em campo crianças sírias, portuguesas, italianas, japonesas e, claro, muitas crianças afro-brasileiras, como eu.

Nesse sentido, Bauru era um microcosmo do Brasil, que absorvia milhões de imigrantes de todas as partes do mundo.

Para usar uma expressão americana, era um verdadeiro "caldeirão das raças", mas com tanta diversidade quanto os Estados Unidos – ou até mais. Muitas pessoas não sabem que a cidade de São Paulo ainda hoje tem uma das maiores comunidades de descendentes de japoneses fora do Japão. Bauru fica a 320 km de São Paulo e é muitas vezes menor, mas nós recebemos uma boa parcela de imigrantes japoneses, que vieram originalmente para trabalhar nos cafezais em volta da cidade. Meus vizinhos tinham sobrenomes como Kamazuki, Haddad e Marconi. O futebol nos fazia deixar de lado qualquer diferença que pudéssemos ter e às vezes eu ia depois para a casa dos meus colegas e havia yakissoba, quibe ou um bem brasileiro prato de arroz e feijão. Foi uma grande introdução ao mundo lá fora e despertou bem cedo o meu interesse por outras culturas – um interesse que tive a sorte de cultivar nos anos que viriam.

Eu sempre estava na correria para ir jogar bola, então geralmente era eu que tomava a iniciativa de formar os times. Era uma tarefa complicada. Por quê? Bem, sem querer soar arrogante, aqueles treinos todos com o Dondinho acabaram dando resultado. E isso estava virando um problema. Meu time ganhava partidas por 12 a 3 ou 20 a 6. As crianças começaram a se recusar a jogar, mesmo crianças mais velhas que eu. Então, inicialmente eu tentava manter todo mundo interessado em jogar e criava times desbalanceados, colocando três contra sete, por exemplo, e ficando no time menor. Quando isso já não era suficiente, comecei a ficar o primeiro tempo no gol, só para deixar o placar apertado, antes de finalmente entrar em campo como atacante. Ter jogado como goleiro naqueles anos foi uma decisão que iria ecoar por toda a minha vida, das formas mais estranhas, e no fim acabou me dando meu apelido mais famoso, aquele pelo qual o mundo inteiro me conhece.

Apelidos são uma coisa bem brasileira – quase todo mundo tem um e algumas pessoas têm três ou quatro apelidos. Naquela época eu era conhecido por "Dico" – apelido que minha família usa até hoje. Meu irmão Jair era chamado de "Zoca". E quando não estávamos em campo, Zoca e eu íamos nos aventurar pela cidade – a estação ferroviária ficava a algumas quadras da casa e a gente ia até lá para ver as pessoas que chegavam de São Paulo e de outros lugares – era a nossa janela para o mundo. E também íamos pescar no rio Bauru, sob a ponte da ferrovia; a gente não tinha dinheiro para linha e vara de pesca, então pegávamos emprestado peneiras e pescávamos com elas. E no dia seguinte estávamos correndo pelo matagal que cercava a cidade, onde apanhávamos mangas e ameixas frescas e caçávamos passarinhos, incluindo o tiziu, que por algum tempo também foi meu apelido – porque os tizius são pequenos, pretos e rápidos.

Mas não havia só diversão e brincadeiras. Pressionado pela situação econômica da família, aos sete anos eu comecei a trabalhar. Era um trabalho de meio período, meu Tio Jorge me emprestou um dinheirinho e eu comprei um kit de engraxate – uma caixa com algumas escovas e uma alça para carregá-la por aí. Eu pratiquei antes engraxando para os meus amigos e familiares, e quando peguei a técnica fui engraxar sapatos na estação ferroviária. Mais tarde eu iria trabalhar em uma fábrica de sapatos. E houve um tempo em que eu pegava pastéis que uma mulher síria da nossa vizinhança fazia e levava para um vendedor. Ele então vendia os pastéis para os passageiros de uma das três linhas que atravessavam a nossa cidade.

Não havia muito dinheiro em nenhum desses trabalhos – Bauru era pobre como o resto do Brasil. Parecia uma cidade com mais engraxates que sapatos. Mas tudo o que eu ganhava eu entregava para a minha mãe, que usava o dinheiro para comprar comida. Quando a situação estava boa ela me dava umas moedinhas para ir ver a matinê do cinema no domingo.

E, claro, também havia a escola. Mas nesse assunto, desconfio que o meu desempenho não estava à altura do que eu andava fazendo em campo. Meu entusiasmo pelo futebol acabou me tornando um aluno difícil e muitas vezes rebelde. Às vezes eu saía da sala de aula e começa a chutar uma bolinha de papel amassado pelo pátio. Meus professores, é claro, tentavam fazer o melhor que podiam – eles tentavam me disciplinar me fazendo ajoelhar sobre feijões ou enfiando bolinhas de papel amassado na minha boca para eu parar de falar. Um professor me fazia ficar de pé, encarando a parede, com os braços levantados, como o Cristo Redentor. Eu me recordo de uma vez em que acabei encrencado por ter engatinhado sob a mesa de uma professora para olhar por baixo do vestido dela.

Com o tempo eu me desinteressei da escola. Havia muitas coisas para fazer e eu lamento dizer que comecei a aparecer só de vez em quando. Infelizmente, era algo típico daquele período – no final dos anos 1940, só um em cada três crianças brasileira ia à escola. Apenas uma em seis chegava ao ensino secundário. Ainda assim, isso não é desculpa. Mais tarde eu ia me arrepender de não prestando mais atenção nos estudos e teria de me esforçar bastante para conseguir compensar.

Para o melhor ou para o pior, reservei uma parte considerável da minha energia para o campo de futebol. Era o lugar onde não tínhamos de pensar em pobreza, em nossos pais ou nas tragédias do passado. No campo de futebol ninguém era rico nem pobre; era um lugar onde a gente podia apenas jogar. Passávamos dias conversando, respirando e vivendo o esporte. Mal sabíamos, mas o futebol viria a ser o cenário do maior acontecimento no Brasil.

6 **Tanto naquela época como hoje não há nada que anime** mais as pessoas do que a Copa do Mundo. A cada quatro anos, países de todas as partes do globo se reúnem para um mês de jogos, comemorações, recepções de gala e outros eventos. É como se fosse uma festa imensa para a qual o planeta inteiro é convidado. Eu participei de todas as Copas nos últimos 55 anos, como jogador, torcedor ou embaixador oficial do futebol. Com base em minha experiência, posso dizer alguma autoridade que não há nada melhor. Os Jogos Olímpicos são fantásticos também, é claro, mas para mim sempre têm muita coisa acontecendo ao mesmo tempo durante todos aqueles eventos. Com a Copa do Mundo é só futebol – uma competição que vai crescendo e crescendo até alcançar um clímax maravilhoso, o jogo da final, quando serão coroados os novos reis do mundo.

Hoje a Copa do Mundo é uma instituição, então parece algo que sempre existiu, sempre esteve lá. Mas em 1950, quando o torneio veio pela primeira vez para o solo brasileiro, a ideia de uma Copa do Mundo era algo relativamente novo – e ainda não estavam bem estabelecida.

A primeira Copa do Mundo havia sido realizada apenas 20 anos antes, em 1930. Um francês chamado Jules Rimet, que era presidente da FIFA, a federação internacional de futebol, decidiu criar uma vitrine para esse esporte cada vez mais popular. O plano dele era reunir times a cada quatro anos, entre os Jogos Olímpicos de Verão – com a esperança de que o evento ampliasse a visibilidade de seleções internacionais e também ajudasse na harmonia entre as nações. Infelizmente, só havia equipes masculinas – tivemos de esperar várias décadas até alguém ter a excelente ideia de finalmente criar uma Copa do Mundo para seleções femininas. As primeiras Copas reuniram times de países tão diferentes como Cuba, Romênia e as Índias Orientais Holandesas (hoje conhecida como Indonésia) e tradicionais superpotências do futebol como o Brasil e a Itália. A Copa do Mundo cresceu em prestígio e público e na edição de 1938, na França, as partidas aconteciam em grandes estádios que reuniam milhares de pessoas.

Mas a Copa de 1938 teve a sua parcela de eventos sinistros, como a capitulação repentina da Áustria antes do início dos jogos – porque, três meses antes, aquela nação havia sido anexada pela Alemanha. A seleção alemã acabou absorvendo vários os melhores jogadores da Áustria, mas foram eliminados logo na primeira rodada, sob uma chuva de garrafas atiradas por uma plateia hostil em Paris. Infelizmente, não seria a última vez que a política iria invadir um campo de futebol.

Quando a Segunda Guerra Mundial estourou, no ano seguinte, a Copa – assim como tantas outras coisas – tiveram de ser deixadas de lado por um tempo. A guerra terminou em 1945, mas grande parte da Europa estava tão devastada e preocupada com a reconstrução das fábricas e das cidades que anos se passaram antes que alguém pudesse pensar que seria possível um novo torneio internacional de futebol. Em 1950, parecia que a Copa ia voltar a ser realizada – mas os organizadores precisavam de um país anfitrião que não tivesse sido afetado pela guerra e que pudesse bancar a construção de estádios e do resto da infraestrutura necessária. E é aí que entra o Brasil.

Mesmo depois do Brasil ter aceitado sediar a Copa, vários países ainda estavam sem condições de mandar times para a América do Sul. Isso foi antes de todo mundo poder viajar de avião a jato, quando a ida da Europa para o Brasil era uma viagem de trinta horas, com várias paradas em lugares como Cabo Verde e Recife. A Alemanha, ainda ocupada e dividida pelas Forças Aliadas, tinha sido banida da competição. O Japão também. A Escócia e a Turquia desistiram no último minuto. No fim, viriam apenas seis países da Europa, que junto com a América do Sul eram as grandes potências do futebol mundial. Isso era ruim para a Europa – mas parecia excelente para o Brasil! Ainda esperávamos pelo nosso primeiro título mundial e achávamos que já estava passando da hora. Com um número reduzido de competidores e jogos em casa, como seria possível perder?

Em Bauru, como em todo o Brasil, todos nós éramos consumidos pela febre da Copa – bem, nem tanto pela Copa do Mundo em si, mas pela absoluta certeza de que seríamos coroados campeões do mundo. Eu só tinha nove anos, mas já tinha idade para ser arrebatado por essas coisas. "A Copa é nossa!" Eu me lembro do meu pai repetir, todo confiante, várias e várias vezes enquanto a gente ouvia o rádio à noite sobre os preparativos para o torneio. "A Copa vai ser nossa, Dico!".

Entre os meus amigos conversávamos sobre paradas e comemorações e discutíamos quem de nós algum dia poderia chegar a levantar a taça. Jogávamos nossas partidas na rua e nos imaginávamos os campeões do mundo. E era maravilhoso como onde quer que eu fosse, não conseguia encontrar uma única pessoa que pudesse imaginar que o Brasil não iria vencer.

7

Uma energia nova tomava conta do Brasil e todo mundo podia sentir. As pessoas pareciam que andavam com molas nos pés, havia um desejo de impressionar o mundo até mesmo em lugares distantes como Bauru, onde a Copa era apenas um rumor. E nossos pequenos jogadores da rua Rubens Arruda também se sentiam inspirados a fazer alguma coisa maior e melhor. Decidimos ir além das nossas partidas de futebol, decidimos organizar um time de verdade, com a seleção nacional ou como o BAC do Dondinho. Nós queríamos ter os equipamentos necessários – camisetas, *shorts*, chuteiras e meias. E é claro que iríamos precisar de mais que uma bola feita de meias enroladas. Só havia um porém: a gente não tinha nem dez centavos.

Eu sugeri à turma que talvez pudéssemos levantar fundos reunindo uma coleção de figurinhas de futebol. Essas figurinhas colantes eram uma coqueluche na época – eram como as figurinhas de basebol dos americanos, um adesivo com a foto do jogador e alguns dados sobre ele. Então a minha ideia era reunir todas as crianças para juntamos as figurinhas e colocá-las num único álbum, com foco nos times mais populares do Rio de Janeiro e de São Paulo, então a coleção teria muito mais valor. E encontraríamos alguém para trocar o álbum por uma bola de capotão de verdade.

O plano foi rapidamente aceito, mas ainda estávamos muito longe do nosso objetivo de levantar recursos. Uma criança apelidada de Zé Porto sugeriu que a gente poderia cobrir a diferença vendendo amendoim torrado na entrada do circo e na porta do cinema. Ah, era uma grande ideia! E como a gente ia conseguir o amendoim? Mas o Zé Porto também já tinha uma solução pronta para esse problema. Ele deu um sorriso malicioso e sugeriu que a gente poderia roubar um pouco de amendoim de um dos depósitos ao longo da ferrovia.

Alguns de nós se sentiram desconfortáveis com a ideia. Eu me lembrei dos avisos sombrios da minha mãe de que o roubo era um dos piores pecados. E podia sentir que os outros meninos pensavam a mesma coisa. Mas o Zé Porto era um sujeito muito persuasivo. Ele argumentou que se a gente não conseguisse entrar no depósito, poderíamos invadir um dos vagões de carga e, afinal, quem ia dar conta pela falta de alguns sacos de amendoim?

"Além disso", ele acrescentou "quem der para trás é um pedaço de cocô!"

Bom, ninguém podia discutir contra um argumento desses. Então fomos lá para a estação ferroviária, pisando em ovos por todo o caminho. Como um dos líderes informais do grupo, eu fui escolhido para ser uma das duas crianças que entrariam nos vagões para pegar os amendoins. Eu tinhas minhas dúvidas sobre o esquema, mas... era tudo pelo futebol, pensei.

E enquanto eu entrava no vagão de carga não conseguia afastar a imagem mental de minha mãe olhando para mim, com os braços cruzados, balançando a cabeça com desaprovação e tristeza. Mas era tarde demais para dar para trás. Nós cortamos alguns sacos e uma enxurrada de amendoins cobriu o piso de madeira. Desesperadamente enchemos os bolsos, as camisetas e um velho balde enferrujado que havíamos trazido. E finalmente, depois do que parecia ser uma eternidade, saímos correndo com o nosso tesouro e fomos encontrar o resto do grupo. Cada um foi correndo para casa, rindo e gritando de alegria – e de alívio.

Torramos os amendoins e os vendemos como planejado, usando o dinheiro para comprar nossos *shorts*. Descobrimos que as camisetas estavam além do nosso orçamento – e tentar testar mais uma vez a nossa sorte com os trens parecia má ideia – e em vez disso decidimos combinar as cores das nossas camisetas. E ainda ficavam faltando as meias e as chuteiras, mas estávamos animados demais para nos importarmos. Primeiro batizamos nosso time de Descalços, mas descobrimos que haviam outros times em Bauru com o mesmo nome e pelo mesmo motivo que o nosso.

Ficamos conhecidos como o time do Sete de Setembro, nome da rua que cruzava a nossa. Com nossos uniformes em mãos e alguns craques no elenco, começamos a nos levar muito a sério. Antes de começar a partida nós entrávamos um de cada vez em campo – ok, na rua – com grande solenidade, como tinha visto o time do meu pai fazer. Marcávamos jogos contra as esquadras da vizinhança e vencíamos a maioria, às vezes com resultados de dois dígitos. Comecei a fazer todo tipo de lance maluco, cabeceando a bola, batendo de joelho. Às vezes eu ria histericamente dos jogadores desajeitados que ia deixando para trás a caminho de mais um gol.

Uma tarde o Dondinho chegou em casa direto do armazém e parecia muito irritado. Depois do jantar ele disse que queria conversar comigo – só ele e eu.

"Andei hoje pela rua onde você e os seus amigos estavam jogando e eu vi o que você estava fazendo lá", ele disse.

Meus olhos devem ter brilhado. Com certeza ele devia ter visto algum lance genial meu.

"Estou muito bravo com você, Dico", ele disse. "Eu vi como você estava zoando os outros garotos. Você devia ter mais respeito com eles. Esse talento que você tem? Você não fez nada para merecê-lo. Foi Deus quem te deu esse talento!"

"Aqueles outros meninos não foram abençoados do mesmo modo que você – e então? Isso não te dá o direito de agir como se você fosse melhor que eles."

"Você é só um garoto", ele continuou, todo sério, balançando um dedo na minha direção. "Você não fez nada ainda. Nada. Quando você tiver feito alguma coisa, um dia, então você poderá comemorar. Mas mesmo então – você vai comemorar com humildade!"

Eu estava em choque. Eu me lembro de querer desesperadamente correr para o meu quarto e me esconder, o quarto que eu dividia com o Zoca. Mas como sempre acontecia com o Dondinho, ele dera um excelente conselho – aquela conversa me acompanhou por muitos e muitos anos. E no fim das contas, teria sido um grande aviso para o Brasil também.

8

Quando a Copa do Mundo finalmente começou, todos os jogos da vizinhança foram interrompidos para que a gente pudesse prestar a devida atenção à competição. E por um momento pareceu que toda a nossa animação, uma animação de tirar o fôlego, era justificada. A seleção venceu de lavada a partida de abertura no Rio de Janeiro – massacramos o México com 4 a zero, liderados por dois gols de Ademir – grande jogador do Vasco da Gama que era conhecido por

"Queixada" – por causa, obviamente, do queixo comprido. O jogo seguinte foi mais sóbrio: um 2 a 2, empate contra a Suíça no estádio do Pacaembu em São Paulo. Mas a vitória de 2 a zero sobre a Iugoslávia logo tranquilizou os nossos nervos. E agora a gente ia para as finais.

Deste ponto em diante foi como se um gigante tivesse acordado. O Brasil destruiu a excelente seleção da Suécia com um placar de 7 a 1, com quatro gols só do Queixada. Quatro dias depois a gente repetiu o feito e passamos por cima de Espanha, marcamos 6 a 1, com gols de cinco jogadores diferentes. O time brasileiro parecia habilidoso e bem equilibrado, com uma boa defesa e com um ataque que permitia várias opções para chegarmos ao gol. Os jogadores atuavam para uma plateia que respondia com gritos de guerra, confete e todo aquele carinho que você encontra quando joga em casa. E parecia que a gente tinha chegado sem esforço nem suspense à partida da final, estávamos a um jogo de ganhar o campeonato. E talvez o Dondinho estivesse certo – essa Copa ia ser nossa.

A partida era a final que todo mundo queria ver – contra o Uruguai. Fazendo fronteira com o sul do Brasil, o Uruguai é um país de praias de areia como as nossas, muitas fazendas de criação de ovelhas e que contava então com de 2 milhões de habitantes – população menor que a da cidade do Rio de Janeiro na época. E, diferente do Brasil, a seleção uruguaia passou por apuros para chegar à final – quase não empata em 2 a 2 com a Espanha e precisou de um gol nos últimos cinco minutos para bater a Suécia por 3 a 2.

Nós tínhamos o melhor estádio possível para o jogo: o novíssimo estádio do Maracanã no Rio de Janeiro, que tinha sido construído especialmente para a Copa do Mundo. Por ser um projeto de grande escala e devido aos floreios arquitetônicos, parecia mais um palácio imperial que um estádio de futebol, tinha sido financiado a um custo altíssimo para ser o coroamento da nossa seleção. O governo brasileiro recrutou mais de dez mil trabalhadores para levantar o Maracanã. E, à medida que ia ficando pronto, os trabalhadores "testavam" as estruturas do estádio enchendo as arquibancadas e celebrando gols imaginários. Felizmente, os pilares e as vigas de sustentação se mostraram firmes. Depois de dois anos de trabalho, o Maracanã tinha capacidade para receber quase duzentas mil pessoas – fazendo dele o maior estádio de futebol do mundo, acomodando 40 mil pessoas a mais que o segundo maior estádio, o Hampden Park em Glasgow, na Escócia.

A imprensa e os políticos começaram a brigar entre si para ver quem conseguia fazer mais elogios ao Maracanã – e por extensão ao Brasil. Nas palavras do jornal *A Noite*: "Hoje, o Brasil possui o maior e mais perfeito estádio do mundo, dignificando a capacidade de seu povo e a sua evolução em todos os ramos da atividade humana." E continua: "Agora temos um palco de proporções fantásticas para que o mundo inteiro possa se encontrar na admiração de nosso prestígio e de nossa grandeza esportiva."

Se tudo isso parece um pouco exagerado, nem se compara com a excitação no dia do jogo. Verdadeiros desfiles de carnaval tomavam as ruas do Rio de Janeiro, cantando músicas escritas para celebrar a coroação do Brasil como os melhores do mundo.

Muitos trabalhadores tiraram o dia de folga e encheram suas casas de doces e cerveja, antecipando a festa que certamente aconteceria depois da final. Um jornal chegou a imprimir uma foto da seleção na primeira página com a chamada: "Estes são os campeões do mundo!".

Quando a seleção entrou em campo, os jogadores se maravilharam com o Maracanã lotado – com algo como umas 200 mil pessoas, que até hoje continua sendo o maior público reunido para uma partida de futebol. Antes de o jogo começar o time foi presenteado com relógios de ouro com a inscrição "Para os campeões do mundo". Se a essa altura alguém ainda não tivesse entendido a mensagem, o governador do Rio de Janeiro ainda fez este discurso endereçado à seleção, ao público presente e à nação:

"Vocês brasileiros, que eu considero os campeões do torneio... você jogadores, que em algumas horas serão aclamados por milhões de seus compatriotas... Você não têm iguais neste hemisfério... Vocês são superiores a todos os outros competidores... Vocês a quem eu já saúdo conquistadores!"

E no meio de toda aquela exaltação havia apenas um voz que pedia cautela. Mas essa voz partia de uma fonte bem preocupante:

"Este não será um jogo de exibição. É uma partida como qualquer outra, só que mais difícil.", disse Flávio Costa, o técnico da seleção, aos jornalistas antes do jogo. "Meu medo é que os jogadores entrem em campo como se já tivessem o escudo de campeão nos uniformes".

9
Tudo isso levanta uma questão: Gente, meu Brasil, o que era toda aquela expectativa e sensacionalismo?

Nós éramos ingênuos? Éramos burros?

Ou tinha mais alguma coisa acontecendo?

Uma lição que aprendi nesses anos todos – e às vezes do modo mais difícil – é que o que acontece em campo nunca nos revela a história completa. Isso não é verdade só para o Brasil, mas para a maioria dos países. Você precisa sempre olhar para além das linhas do gramado – precisa olhar as vidas dos jogadores, para os times, e muitas vezes para a situação política do país – para descobrir o que está realmente acontecendo.

Na Copa do Mundo de 1950 ficou bem óbvio que o esporte era só parte da história. Pela primeira vez, mas certamente não pela última, os políticos brasileiros viam a Copa como uma excelente oportunidade para melhorar a reputação do país – e também a deles. Durante aquele período, o Brasil ainda era visto como um paraíso tropical atrasado, uma república de bananas, ainda afligido por epidemias de cólera e disenteria, povoado basicamente por indígenas e ex-escravos de pouca instrução. Se isso soa duro ou mesmo "politicamente incorreto"... é porque era mesmo. Mas era uma visão que até mesmo as autoridades nacionais compartilhavam, incluindo o prefeito do Rio de Janeiro, que declarou que a Copa era uma oportunidade para mostrar ao mundo que não éramos "selvagens" e que o Brasil podia competir com os países mais ricos – e vencer.

Esse era um modo bem parcial de ver o Brasil. E é bem verdade que por séculos essa visão encantou os estrangeiros em relação aos nossos atributos positivos. Pensando bem, até a história da nossa independência é uma história de sedução. Ao contrário dos outros países da América Latina, colonizados pelos espanhóis, fomos colonizados pelos portugueses. Em 1808, a família real portuguesa, fugindo do exército invasor de Napoleão, deixou Lisboa e transferiu a corte para o Rio de Janeiro – e ao fazerem isso se tornaram os primeiros monarcas europeus a pisar em uma de suas colônias. Mais revelador foi o fato de que, mesmo após a derrota de Napoleão e da retirada de seus exércitos, parte da família real – incluindo o filho do príncipe regente, Dom Pedro I, decidiu ficar.

Por quê? Veja bem – eu visitei Lisboa muitas vezes e é um cidade encantadora. Mas no Rio de Janeiro você tem a areia das praias, uma lua magnífica – e baías encantadoras, morros cobertos de verde e uma população tão diversa e acolhedora. Dom Pedro I podia caminhar todas as manhãs do seu palácio, seguindo a rua ladeada de palmeiras reais e dar um mergulho na baía do Flamengo enquanto admirava a vista do Pão de Açúcar. Então, quando a família real mandou uma carta para ele exigindo que retornasse a Portugal, Dom Pedro tomou a única atitude lógica – ele mandou todo mundo pro inferno. "Fico!", ele declarou. "Vou ficar!" Foi assim, sem nenhum derramamento de sangue, que o Brasil ensaiava seus primeiros passos como uma nação independente. Isso foi em 9 de janeiro de 1882. Alguns meses depois, a independência foi finalmente declarada, em 7 de setembro, também sem violência, e esse dia é o nome do meu primeiro time de futebol.

Uma história encantadora, mas que não é incomum – você não precisa ser um monarca para conseguir apreciar o Brasil. Milhões de imigrantes de todas as pares do mundo vieram para cá, encantaram-se com a população e as possibilidades do lugar, e decidiram ficar. Mas a história de Dom Pedro I joga uma luz sobre o nervosismo que nossas autoridades no governo sentiram em 1950 – a independência já tinha quase um século, mas a nossa política ainda era uma bagunça. Desde o Dia do Fico e do 7 de Setembro, o Brasil pulava de crise em crise, sendo constantemente surpreendido por revoluções, golpes e revoltas regionais. Havia apenas duas décadas, o Estado de São Paulo havia se revoltado contra o governo federal, sediado no Rio de Janeiro. E na Segunda Guerra os soldados brasileiros haviam lutado bravamente ao lado das Forças Aliadas – ao lado da democracia – apenas para voltar para casa e reencontrar uma ditadura. Enquanto a Copa do Mundo de 1950 começava, o Brasil dava os primeiros passos em direção ao progresso, mas nosso lugar no mundo moderno ainda era incerto. "O Brasil era um país sem glória, saído de uma ditadura, no marasmo do governo Dutra" escreveu Paulo Perdigão em seu livro sobre a Copa de 1950 ("Anatomia de uma derrota"). Em outras palavras: nossos políticos se sentiam, especialmente em 1950, que eles tinham algo a provar. E contavam com o futebol para ajudá-los.

Por fim, havia uma última questão que passava por tudo em 1950. E era outra questão histórica e que desta vez tinha um significado particular para a família Nascimento.

Baseado em pesquisas que os jornalistas fizeram ao longo dos anos, acreditamos que os nossos ancestrais tenham vindo de onde hoje é a Nigéria ou a Angola. O nome Nascimento provavelmente foi adotado de uma família de fazendeiros do Nordeste. Nossos ancestrais faziam parte dos 5,8 milhões de escravos trazidos para o Brasil ao longo dos séculos. Segundo algumas estimativas, é quase vinte vezes mais que os escravos levados para os Estados Unidos. A partir de algum momento o Brasil chegou a ter mais escravos que pessoas livres! Também fomos um dos últimos países do mundo a abolir a prática da escravidão, em 1888 – mais de duas décadas depois do fim da Guerra de Secessão, que estendeu a abolição a todos os Estados dos Estados Unidos.

Em outras palavras, a escravidão desempenha um papel enorme na história do nosso país. O sociólogo Fernando Henrique Cardoso, duas vezes presidente do Brasil na década de 1990 (e meu chefe por alguns anos!), disse uma vez que a escravidão "estava na raiz da desigualdade no Brasil". É bem verdade que nunca tivemos segregação de raças como a que houve nos Estados Unidos – em parte porque ao longo dos anos tivemos muitas formas de, digamos, miscigenação. Então, quem quisesse determinar quem era branco e quem era preto teria uma grande dor de cabeça. A violência entre "brancos" e "pretos" era rara. Era comum se dizer, principalmente quando eu era criança, pelos anos 1950, que o Brasil era uma "democracia racial". Uma vez a revista americana "Sports Illustrated" escreveu que eu vivia "feliz em um dos poucos lugares do mundo em que a cor de um homem não tinha efeito sobre a sua vida".

Mas isso é apenas meia verdade: os escravos libertos e seus descendentes no Brasil encararam uma vida mais difícil que o resto da população. Se não havia oficialmente discriminação, na prática os brasileiros negros tinham bem pouco acesso a escolas, hospitais e a qualquer apoio que ajudasse em seu desenvolvimento. Penso na pobreza em que cresci e na pobreza que meus pais conheceram quando eram crianças e imagino que que de alguma forma a nossa história é um exemplo, ainda que eu não saiba dizer exatamente do quê. A escravidão não era um passado distante ou abstrato para a nossa família. Dona Ambrosina, minha avó que veio morar com a gente, era ela mesma filha de escravos. Nossa família se orgulha de como havia progredido e eu me orgulhava – e me orgulho – de ser negro. Mas era evidente que naquela época como ainda hoje, quanto mais escura é a sua pele, mais pobre você tende a ser no Brasil.

Mesmo para os padrões de 1950, o Brasil continuava sendo um país majoritariamente pobre, com famílias desesperadas que muitas vezes não tinham o suficiente para comer. A consciência dessa realidade assombrava os nossos políticos. E provavelmente ajuda a explicar por que a máquina de sensacionalismo funcionava a todo vapor para a Copa do Mundo. No fim, as autoridades no Rio de Janeiro não estavam apenas tentando convencer o mundo de que o progresso chegava ao Brasil – eles estavam tentando convencer a própria população.

Com os anos a gente passaria reconhecer o ridículo do nosso comportamento em 1950. Mas acredito que quando o Dondinho dizia coisas como "A Copa é nossa", ele provavelmente repetia o que ouvira no rádio. Coisas que por sua vez vieram de políticos – às vezes com ordens expressas para toda a imprensa. Todo o Brasil tinha sido pego pela propaganda e quem ia sofrer mais estaria nos campos de futebol. Isso é algo que eu iria ver durante toda a minha vida, de novo e de novo e de novo.

10 E enquanto nossa família e os amigos iam enchendo a casa de meus pais, eu tinha uma última pergunta.

"Pai?"

"Sim, Dico."

"Posso ir para o centro da cidade com você para comemorar?"

Pelo canto do olho eu enxergava a minha mãe tensa e balançando a cabeça negativamente. Mas meu pai apenas fingiu que não a via.

"Tudo bem", ele disse com um sorriso. "Não vai ficar muito tempo, só um pouquinho."

Delirando de alegria, flutuei até o rádio para ficar o mais próximo possível da ação no Rio de Janeiro. A multidão no Maracanã rugia de entusiasmo. Os locutores do rádio anunciavam, um por um, os jogadores da seleção brasileira. Era uma escrete formidável – uma combinação de jogadores habilidosos e de personalidade. Havia Zizinho, meu jogador preferido da seleção, um homem comparado a Leonardo da Vinci por causa de sua arte em campo. Barbosa, o craque goleiro que tinha deixado passar apenas quatro gols em seis jogos. Ademir – a Queixada! E Bigode, um lateral-esquerdo que jogava para o time do Flamengo, um dos maiores clubes do Rio, e que recebeu uma ovação imensa quando entrou em campo.

E por fim o radialista apresentou o capitão da seleção de 1950. Ele era um zagueiro respeitado e um líder inspirador que parecia imune à pressão em jogos importantes. Talvez fosse assim por causa do seu passado – antes da carreira de jogador ele havia sido agente da polícia federal. Estava bem longe de ser um artilheiro, mesmo para os padrões da zaga – de 297 jogos pelo Vasco da Gama, ele tinha marcado exatamente zero gols. Mas era um pedreira na defesa e marcava presença em campo, trazendo tranquilidade ao time, era perfeito para uma final como aquela.

O nome do capitão? Augusto.

Era o mesmo Augusto que oito anos atrás havia colidido com o meu pai num gramado em Minas Gerais.

E aí você pode entender o que é sorte – um homem se recupera para ser capitão da seleção brasileira na final enquanto outro volta para Bauru, com um joelho destruído, para ouvir a partida no rádio.

Se meu pai sentia alguma inveja naquele dia, ele nunca demonstrou. Suspeito que ele apenas queria ver o Brasil ganhar.

11 **O primeiro tempo do jogo foi uma correria sem fim**, com o Brasil sempre indo pro ataque. Nosso incrível ataque, formado por cinco centroavantes, era liderado pelo terrível Queixada e lançava uma chuva de bolas contra o gol uruguaio. Quem esteve no estádio comentou que, até o fim do primeiro tempo, o Brasil podia ter chegado em 2 a zero ou mesmo a 3 a zero. Mas o goleiro uruguaio, Roque Máspolli, sempre conseguia pegar qualquer bola que aparecia. E de fato, nos anos seguintes, Roque ganharia a reputação de homem de sorte – tendo ganhado duas vezes na loteria nacional do Uruguai. Assim, acho que não foi só naquele 16 de julho de 1950 que a bola estava do lado dele.

No começo do segundo tempo, Friaça finalmente marcou o primeiro gol. Meus pais se abraçaram e meus amigos e eu corremos para fora de casa e comemoramos pela vizinhança. Rojões e busca-pés explodiam por todos os cantos e meus ouvidos zumbiam com aquela alegria. Dentro do Maracanã as pessoas jogavam confete e também soltavam fogos de artifício. A euforia entrava em erupção e a festa brasileira começava.

Quando meus amigos e eu voltamos para dentro de casa a comemoração continuava. Meu pai e os amigos dele bebiam cerveja, falavam dos jogos do BAC, sem prestar muita atenção ao que estava sendo dito no rádio.

E então, como se viesse do nada, ouvimos do apresentados da Rádio Nacional:

"Gol do Uruguai!"

O quê? Como?

"Gol do Uruguai!"

O radialista depois viria a confirmar que havia repetido a informação justamente porque sabia que o público ouvinte não ia acreditar de primeira.

A sala de casa ficou em silêncio enquanto ouvíamos o lance ser reprisado.

"Uma boa combinação do ataque uruguaio que terminou com a conquista do tento do empate" o radialista dizia, soando meio desanimado. "Falhou Bigode na luta contra Ghiggia, que conseguiu entrar rasteiro... entrou preciso... Schiaffino que deslocara da meia esquerda para a meia direita, emendou marcando!"

Brasil 1, Uruguai 1.

No entanto, ainda não havia razão para ninguém entrar em pânico. Aquela Copa tinha usado um sistema meio estranho de pontos corridos, em grande parte porque havia poucos times na disputa. Então, tudo o que o Brasil precisava fazer era segurar o empate com o Uruguai até o fim da partida e seríamos campeões. E havia só mais vinte minutos de partida – pelas estatísticas, a seleção havia levado menos de um gol por partida no campeonato. Certamente a gente não levaria um segundo gol, não é mesmo?

Mas algo estranho havia acontecido no momento em que a bola uruguaia balançou na nossa rede. A multidão no Maracanã sentiu, e nós também sentimos, mesmo na longínqua Bauru. Era como se toda a confiança e toda a animação tivesse subitamente desaparecido, como o oxigênio escapando da sala. A gente havia levantado nossas expectativas tão alto que uma queda poderia ser fatal. E de repente o Brasil inteiro se sentia à beira do abismo.

Olhei para o Dondinho, que agora estava de olhos esbugalhados, apoiando-se contra a cadeira.

No Maracanã uma multidão de 200 mil pessoas – sabe-se lá como – ficou em completo silêncio.

Aquele silêncio, o técnico Flávio Costa ia dizer mais tarde "aterrorizou os nossos jogadores".

E o pequeno Uruguai, tratado à revelia como azarão, começava a sentir o cheiro de sangue.

12 Futebol não tem absolutamente nada a ver com o tamanho do país nem com o tamanho dos jogadores. Coração, habilidade e trabalho duro é tudo o que importa. E como eu sei disso, meu Deus!, melhor do que ninguém eu devia saber disso.

Mas de alguma forma a gente havia esquecido que o Uruguai era um país com uma tradição no futebol tão rica como a nossa. Era uma seleção conhecida no resto do mundo pela sua "garra charrúa" – expressão uruguaia para espírito de luta. E eram conhecidos por aceitar jogadores de origem africana desde os anos 1910 – bem antes dos outros países da América do Sul, incluindo o Brasil. O Uruguai já ganhara duas medalhas olímpicas pelo futebol e já tinha uma Copa do Mundo no bolso – a taça de 1930, da primeira Copa, que tinha acontecido em solo uruguaio. Aquela Copa, como a edição de 1950, foi também foi marcada pela ausência de várias seleções importantes. O mundo estava à beira da Grande Depressão e muitos times da Europa não tinham condições de vir. Como resultado, muita gente disse que a vitória do Uruguai em 1930 tinha sido marmelada. Mas nunca se deve acreditar em boato.

Quando os uruguaios chegaram ao Rio de Janeiro para a final e perceberam que seriam tratados como simples coadjuvantes na coroação da seleção brasileira, eles fizeram exatamente o que se esperava de uma equipe com *pedigree* de campeão – eles se rebelaram. Os jogadores estavam revoltados e treinavam com uma determinação pouco vista. E, na raiva deles, os treinadores e a equipe técnica que acompanhavam o time viram uma oportunidade de ouro.

Na manhã do jogo, Manuel Caballero, o cônsul do Uruguai no Rio de Janeiro, pegou vinte jornais que anunciavam o Brasil como "Campeões do Mundo" e levou as edições para o Hotel Paissandu, onde a delegação uruguaia estava concentrada. Quando os jogadores estavam reunidos para a última refeição antes da partida, Caballero jogou os jornais na mesa e declarou:

"Meus pêsames. Vocês já foram devorados."

Os jogadores explodiram em gritos e rugidos. Um deles, Eusebio Tejera, conhecido pela reação emocional, deixou a mesa e foi esmurrar a parede.

"*No, no, no!*", ele gritava. "Não são campeões! Vamos ver quem será o campeão!"

Segundo outro relato, o capitão do time uruguaio, Obdulio Varela levou os jornais para o banheiro do hotel, espalhou os cadernos pelo piso e urinou sobre as fotos dos jogadores brasileiros.

Seja qual for o grau de nervosismo que a seleção uruguaia carregava ao entrar em campo naquele dia, ele se dissipou ao final de um primeiro tempo sem gols. O senso de invencibilidade do Brasil havia sido abalado de vez. Mesmo quando a gente marcou, no começo do segundo tempo, isso só acrescentou ao cerco uruguaio. Obdulio tirou a bola da rede e passou um minuto gritando com todo mundo, com o juiz, com a torcida. Ele não soltava a bola. Quando finalmente deixou a bola rolar no gramado e a partida reiniciava, ele gritou para a equipe:

"Ou a gente vence aqui ou eles matam a gente."

Bom, essa declaração era um tanto exagerada, mas com certeza ele não foi a primeira pessoa no Brasil a exagerar naquele dia. O resto do time respondeu com a garra que Obdulio queria e logo veio o gol que equilibraria a partida. Depois disso, ficou com Alcides Ghiggia, um jogador excepcional na ponta direita do campo, que, a dez minutos para acabar a partida, de repente se viu praticamente sozinho e cara a cara com o gol brasileiro.

13 O rádio dizia tudo:

"Ghiggia devolve a bola... Julio Pérez dá em profundidade ao ponteiro direito... Ghiggia se aproxima do gol... e atira! É gol. Gol do Uruguai! Ghiggia! Segundo gol do Uruguai! Uruguai 2 a 1... Passamos dos 33 minutos..."

14 **Talvez por já perceber a nossa iminente derrota, talvez** assustado pelo silêncio em nossa sala de estar ou talvez porque eu era só uma criança, eu tinha ido para fora, para brincar com meus amigos, antes que o Uruguai tivesse marcado aquele segundo gol.

A gente tinha batido na madeira sem muita convicção e tinha comemorado alguns gols da nossa pelada na rua. Mas sabíamos que dentro de nossas casas as coisas não iam bem.

Logo depois, os amigos do meu pai começaram a deixar a nossa casa, arrastando os pés, com expressões angustiadas. Naquele momento, obviamente, eu já sabia. Deixei a bola no chão, respirei fundo, e voltei para dentro de casa.

Dondinho estava de pé, dera as costas para a sala e encarava a janela.

"Pai?"

Ele se virou – com lágrimas rolando pelas bochechas.

Eu estava chocado. Nunca tinha visto meu pai chorar antes.

"O Brasil perdeu.", ele grunhiu, como se mal conseguisse dizer aquelas palavras. "O Brasil perdeu."

15 **"Nunca em toda a minha vida eu vi pessoas tão tristes** como os brasileiros depois da derrota", recordaria anos depois Alcides Ghiggia, o atacante que tinha marcado o gol da vitória. Mostrando um pouco menos de empatia, acrescentou: "Apenas três pessoas na História conseguiram silenciar o Maracanã só com um gesto: o Papa, Frank Sinatra e eu".

Quando soou o apito final, milhares de pessoas nas arquibancadas começaram a chorar. Só Deus sabe quantos mais acompanharam o choro pelo Brasil afora. O clima era tão pesado que, mesmo enquanto esperavam por Jules Rimet, o presidente da FIFA e criador da Copa do Mundo, aparecer em campo e entregar a merecida taça, alguns dos jogadores do Uruguai só pensavam em fugir para o vestiário.

"Eu chorei mais que os brasileiros", conta Schiaffino, que havia marcado o primeiro gol, "porque eu podia ver como eles estavam sofrendo".

Do lado de fora do Maracanã, multidões furiosas ateavam fogo a pilhas de jornais – incluindo, dizem alguns, exemplares daquelas edições que proclamavam antecipadamente a vitória do Brasil. O estádio não veio abaixo, mas uma estátua que o prefeito do Rio de Janeiro havia inaugurado de si mesmo próxima à entrada do Maracanã foi derrubada e decapitada – a cabeça de estátua foi jogada no rio Maracanã ali perto. Os jogadores brasileiros só deixaram o estádio horas depois, em estado de estupor. Muitos se acomodaram nos bares da vizinhança, onde alguns permaneceram por vários dias. Friaça, que marcou o único gol do Brasil, foi reconhecido por um grupo de fãs, que começou a gritar os nomes do vencedores uruguaios: "Obdulio!" "Ghiggia!" Nas palavras de Friaça: "Eu percebi que esses gritos iam me acompanhar pelo resto da vida".

De fato, nas semanas e nos meses seguintes o luto brasileiro ficaria mais intenso. A expectativa e o sensacionalismo com a Copa tinham sido grandes, mas o trabalho de superação da derrota ia ser ainda maior. Era como se fosse o fim de uma guerra e o Brasil era o perdedor, com muitas mortes. A derrota ficou marcada não só no fracasso dos 11 jogadores, mas na derrota de um país inteiro, a prova de que o Brasil estava condenado eternamente ao atraso e ao subdesenvolvimento. Algumas pessoas começaram a resmungar que o Brasil nunca ganharia uma Copa e nunca seria capaz de competir com nenhum dos grandes países do mundo.

Mesmo pessoas sérias adotaram essa postura. O famoso antropólogo Roberto DaMatta disse que a derrota talvez fosse a maior tragédia brasileira na História moderna, porque era a prova para todos de que éramos uma nação de perdedores. Pior ainda, a derrota tinha vindo no momento em que o país havia sonhado com a grandeza, tanto no esporte como em termos de prestígio global – nós havíamos nos arriscado, tínhamos posto nosso pescoço para fora e tudo tinha dado errado. "Cada povo tem a sua irremediável catástrofe nacional, algo assim como uma Hiroshima." escreveu Nelson Rodrigues quando cobria o jornalismo esportivo. "A nossa catástrofe, a

nossa Hiroshima, foi a derrota frente ao Uruguai, em 1950."
Outro jornalista, o Roberto Muylaert, iria comparar as cinzentas imagens em branco e preto do gol da vitória de Ghiggia ao assassinato do presidente John F. Kennedy, dizendo que ambos "têm a mesma dramaticidade... o mesmo movimento, ritmo, a precisão da inexorável trajetória".

Alguns dos jogadores da seleção de 1950 foram longe em suas carreiras nos times de clubes. Mas, infelizmente, nenhum deles jamais ganharia a Copa do Mundo. Alguns morreram sonhando com a chance perdida. Zizinho, meu jogador preferido daquela seleção, contou que ele guardava a medalha de segundo lugar da Copa escondida em um canto do seu armário de troféus, deixando ela oxidar e escurecer. "Eu não a limpo", ele disse anos depois. "No Brasil, ser segundo lugar é lixo. É melhor perder antes da final." Mas mesmo que ele tentasse, outras pessoas não o deixariam esquecer. Por décadas, a cada 16 de julho, Zizinho tinha de deixar o telefone fora do gancho. "Senão é ligação o dia inteiro", ele resmungava, "de pessoas do Brasil inteiro perguntando por que havíamos perdido a Copa do Mundo".

Por pior que pareça, houve um grupo de jogadores que lamentou mais que todos os outros – os jogadores negros. Em seu livro famoso, "O Negro no Futebol Brasileiro", o respeitado jornalista Mário Filho escreveu que muitos brasileiros atribuíam a derrota do país à "inferioridade racial" – a ideia de que uma nação de origem negra com jogadores negros nunca conseguiria chegar lá. É uma teoria velha e repugnante, é claro, mas fica ainda pior pelo fato – a coincidência – de que dois jogadores "mais pretos" da seleção estavam envolvidos nos dois gols do Uruguai. Bigode, o zagueiro que devia marcar Schiaffino no primeiro gol, seria chamado por anos e anos de "covarde". Ele se tornou uma pessoa reclusa e evitava socializar com os amigos da seleção de 1950, com medo de que alguém mencionasse o jogo da final. E Barbosa, o goleiro... Gente, esse homem é o que mais sofreu.

Eu acabei me encontrando muitas vezes com Barbosa nos últimos anos. Ele morava no Rio de Janeiro e jogou em times de clubes até 1962, aposentando-se com a avançada idade de 41, depois de ter acumulado muitos triunfos na carreira. Mas apesar de todos os esforços, ele nunca conseguiu escapar de ser apontado e ridicularizado, nem escapou da raiva dirigida contra ele – mesmo depois de décadas. Barbosa tentou visitar a seleção nacional quando ela treinava em Teresópolis, em 1994, com a esperança de passar alguma mensagem inspiradora antes da Copa nos Estados Unidos, mas o time vetou a visita dele, acreditando que ele "dava azar". Até antes de nos deixar, em abril do ano 2000, ele dizia para mim e para outras pessoas: "no Brasil, a pena máxima para um criminoso é de trinta anos. Eu não sou criminoso e já servi bem mais do que isso".

A dura verdade é que a derrota do Brasil não foi culpa do Barbosa ou de qualquer outro jogador. Zizinho disse que todo o discurso triunfalista nos jornais e em todos os lugares foi "a maior arma que você pode dar ao seu adversário". O treinador Costa resumiu da melhor forma, atribuindo a derrota ao clima de "já ganhou!" que prevaleceu entre os fãs, a imprensa e a diretoria do evento. Foi uma máquina de sensacionalismo que tomou o Brasil. Todo mundo que tentou tirar vantagem, especialmente os políticos, merecia uma parcela de culpa. Eles criaram expectativas não realistas e quando ficou claro que não alcançaríamos essas expectativas, a seleção brasileira estava condenada.

"Não foi o segundo gol que derrotou a gente", Costa disse, "mas o primeiro."

Apesar disso, muita gente nunca aceitou esse tipo de desculpa. E infelizmente os fantasmas do Maracanã não nos abandonaram, até hoje. Barbosa disse que o pior dia da vida dele não foi o 16 de julho de 1950, mas uma tarde qualquer duas décadas depois, quando uma mulher com uma criança o reconheceu numa loja.

"Olhe para ele", a mulher disse, apontando Barbosa e falando alto o suficiente para ele ouvir. "Esse é o homem que fez o Brasil inteiro chorar."

16
Mas, espere, espere – eu não havia dito que ter perdido a taça de 1950 havia sido uma coisa boa para o Brasil?

Acompanhe o meu raciocínio.

Sim, houve um monte de consequências terríveis. Para Barbosa e muitas outras pessoas, não havia nenhuma lição a tirar daí. Mas para o resto de nós, aquele dia no Rio de Janeiro foi uma grande oportunidade de aprendizado – algo que havia de nos ajudar a nos definir como pessoas e que iria reverberar de modo positivo nas décadas seguintes.

Agrupar-se em volta do rádio, sofrendo junto, deu aos brasileiros uma experiência em comum. Pela primeira vez em nossa história, brasileiros ricos e pobres tinham algo em comum, algo que poderiam discutir com qualquer um nas ruas, na padaria, no escritório, seja no Rio de Janeiro, em Bauru, em São Paulo ou nos confins da Amazônia. Hoje a gente percebe como certa e garantida a nossa identidade, como algo dado, mas na época tudo aquilo foi muito importante na criação de um senso histórico e comum de o que é ser brasileiro. Não éramos mais estranhos uns para os outros. E acho que nunca mais deixamos de ser.

Outra coisa igualmente importante, os brasileiros perderam uma parte daquela inocência cega, da juventude – você pode chamar de uma certa ingenuidade até – que era tão perceptível naquela tarde de julho e nos meses anteriores à Copa. Nossa inocência não desapareceu, de modo algum. Mas depois do resultado nós havíamos amadurecido um pouco e haveria uma menor disposição para aceitar o que qualquer político ou a imprensa estivesse tentando nos empurrar. E esse fato traria grandes consequências no futuro para a nossa política e a nossa cultura.

Por fim, para uma geração de aspirantes a jogadores de futebol como eu, 16 de julho de 1950 significava um tipo de motivação difícil de explicar e impossível de minimizar. Ao ver meu pai chorando e minha mãe tentando confortar o meu pai, eu corri para o quarto deles. Eles tinham uma imagem de Jesus na parede. Eu explodi em lágrimas e falei para Jesus: "Por que isso aconteceu?", eu soluçava. "Por que isso tinha de acontecer com a gente? Por que, Jesus? Por que estamos sendo punidos?"

E é claro, não havia resposta. Mas meu desespero foi diminuindo e deu lugar a outro sentimento – mais profundo e mais suave. Enxuguei minhas lágrimas, voltei para a sala e botei as mãos no braço do meu pai. E o que eu disse para ele – honestamente, não sei de onde veio. Talvez seja uma daquelas coisas que uma criança de nove anos diz para fazer os pais se sentirem melhor. Mas certamente, em vista do que viria a acontecer, foi algo marcante:

"Está tudo bem, papai", eu disse pra ele. "Prometo que um dia eu vou ganhar uma Copa do Mundo para você."

SUÉCIA, 1958

1 **Nosso ônibus tentava subir a serra, ia soltando fumaça** preta e chacoalhava a cada troca de marcha do motorista. E a hora que eu senti o ônibus escorregando para trás, comecei a rezar para Deus, pedindo: por favor, por favor, meu Deus, que a gente sobreviva a essa viagem. Meti a cara na janela procurando algum campo verde, alguma coisa macia que amparasse a nossa queda caso o ônibus virasse. Nada – era só um campo de pedras e uma faixa de mata fechada. Mais além, e quase já não dava mais para ver, havia ao longe as fábricas e os arranha-céus de São Paulo, que ia ficando para trás, enquanto a gente seguia em direção ao litoral paulista.

Respirei fundo. Mesmo sem levar em conta o risco de uma morte horrenda, o dia já tinha sido assustador. Eu estava a caminho do Santos Futebol Clube, um time relativamente pequeno, mas vitorioso, da cidade portuária que, claro, leva o mesmo nome do time. Eu havia passado os últimos dias jogando bola no time juvenil do BAC, o clube de Dondinho em Bauru. O treinador da equipe juvenil, Waldemar de Brito, era um grande jogador de futebol, um craque que havia defendido a seleção brasileira na Copa do Mundo de 1934. Waldemar estava convencendo de que eu tinha um talento especial. Então ele conseguiu para mim um teste com as pessoas que conhecia no Santos. De manhã, Dondinho e eu fomos de trem de Bauru para São Paulo, onde encontramos o senhor Waldemar e almoçamos. Agora nós três estávamos num ônibus a caminho de Santos.

Sair de Bauru foi uma experiência de partir o coração. Primeiro, eu tive de me despedir de todos os amigos da vizinhança – os garotos com quem joguei futebol por anos e anos. Então, à noite, na véspera da minha partida, toda a família se reuniu mais uma vez para dizer adeus. Minha avó, Dona Ambrosina, chorava desconsolada. Todo o resto da família até que se comportou bem, incluindo – para minha surpresa – minha mãe. Ela ainda tinha profundas desconfianças sobre o futebol, mas o senhor Waldemar havia passado horas conversando com a minha família e assegurou a minha mãe de que as minhas habilidades eram realmente extraordinárias, um dom de Deus, como Dondinho sempre havia dito. O senhor Waldemar até se emocionou ao pedir permissão à minha mãe para viajarmos, dizendo que seria um pecado manter um jogador como eu preso em Bauru. E ele disse que, de qualquer forma, se depois de um mês de testes não desse certo eu poderia voltar para casa.

Imagino que esse argumento tenha sido decisivo. Logo antes da minha partida, minha mãe me presenteou com duas calças compridas que ela havia costurado para mim especialmente para a viagem. Foram as primeiras calças compridas que usei – até aquele momento, correndo pelas ruas Bauru, eu só tinha usado *shorts*.

"Eu sei que você vai nos encher de orgulho, Dico", ela disse. "Se você guardar tudo o que a gente te ensinou e ficar longe de confusão, vai dar tudo certo."

Já eu tinha minhas dúvidas. E a primeira delas era se a gente ia conseguir atravessar aquela serra.

O ônibus ia se arrastando e às vezes por pouco não conseguia fazer aquelas curvas no caminho, depois atravessava pontes que pareciam estar flutuando nas nuvens. Não era natural aquilo, subir até aquelas alturas não era coisa de Deus. Meu medo era que Deus mudasse de ideia e mandasse a gente de volta voando serra abaixo – refazendo todo o caminho até Bauru.

E durante toda a viagem, provavelmente por ver o meu nervosismo, o senhor Waldemar sussurrava no meu ouvido enquanto meu pai dormia no assento de trás.

"Não fale com a imprensa – eles vão tentar te fazer de bobo."

"Cuidado com o cigarro. Cigarros fazem você correr menos."

"Mulheres? Mulher é problema."

Infelizmente eu não prestava atenção em metade do que o senhor Waldemar dizia, mesmo sendo conselhos que eu muito poderia aproveitar. Eu já estava com a cabeça cheia, só pensando no nosso destino – e numa coisa em particular, que me animava mais que tudo.

Antes que eu percebesse, já estávamos entrando na cidade Santos, a caminho da rodoviária. Passamos pelos galpões da ferrovia, pelos casarões de telhado vermelho no alto dos morros, pelo labirinto de ruelas do centro. E finalmente, descendo um dos vários calçadões compridos da cidade, avistei aquilo que eu mais queria ver. Ele brilhava à distância, tão azul e assustadoramente imenso – maior que tudo o que eu podia imaginar. Estava tão excitado que acho que comecei gritar e acabei acordando os outros passageiros.

"Calma, garoto!", o senhor Waldemar sussurrou, rindo do meu espanto. "Logo mais a gente te leva lá".

Eu tinha 15 anos de idade, eu era só um garoto de Bauru vendo o mar pela primeira vez na vida.

E apenas dois anos depois eu seria carregado pelo campo, nos ombros dos meus companheiros da seleção, tendo ajudado o Brasil a vencer o nosso primeiro título mundial.

2 Até hoje me fascina a velocidade de como as coisas mudaram.

Aqueles dois anos foram como uma viagem de foguete – emocionante, mas levemente fora de controle, sempre indo cada vez mais alto, mas rumo a um destino totalmente desconhecido. E em vários momentos tudo o que eu podia fazer era fechar os olhos e aproveitar o passeio.

Mas esta não é uma história sobre a fama ou a glória. Não é nem mesmo uma história do esporte em si. Essa minha história é sobre descobrir que eu era mesmo bom em alguma coisa.

Acredito que cada pessoa tem um talento, um dom. Algumas pessoas são abençoadas com mais de um talento. Pode ser um talento artístico, como a música. Pode ser um talento para a matemática ou para curar doenças. O importante é descobrir o seu talento, trabalhar para aperfeiçoá-lo e então – quem sabe – ter a sorte de poder botar em prática esse talento e ser adequadamente reconhecido por ele. Ser capaz de ter realizado todas aquelas façanhas num período relativamente curto, de 1956 a 1958, foi a maior e mais gratificante aventura da minha vida.

Eu reconheço que a minha experiência não foi de modo algum típica. Mas tenho amigos que são médicos, empresários, professores, enfermeiros, e quando eles contam da experiência de descobrir quem você é e o que você quer ser, eles usam essas mesmas palavras que eu usei. O prazer de alcançar a excelência, de ser realmente o melhor, é algo que todo mundo deveria ser capaz de experimentar. Não há nada igual – e não importa se há uma plateia de 60 mil pessoas te observando ou se você está completamente sozinho. Se você for capaz de descobrir aquilo em que você é bom, isso vai fazer você feliz e realizado, vai preencher a sua vida pelo tempo que você viver neste planeta. Para mim e para milhões de meninos e meninas pelo mundo, essa coisa foi o futebol.

3   Quando caminhei pelo estádio do Santos naquele primeiro dia, parecia tudo menos o começo de algo importante. Na verdade, eu me senti como se tivesse um metro de altura. Chegamos num domingo; e havia um jogo em andamento – Santos e Comercial, um jogo pelo campeonato paulista, que era a liga mais importante para o meu novo time. O senhor Waldemar conseguiu três lugares para a gente e eu assisti encantado a uma partida de uma qualidade que nunca tinha visto antes, nem mesmo como espectador – e é claro que não havia televisão naquela época. Os jogos se moviam numa velocidade que parecia irreal. Eu já tinha ouvido falar de vários dos jogadores, incluindo o Jair da Rosa Pinto, que esteve naquela final maldita em 1950 no Maracanã. Meus olhos piscavam de emoção, eu nem podia sonhar que logo mais estaria jogando com aqueles caras. O jogo terminou e o senhor Waldemar levou o Dondinho e eu por baixo das arquibancadas até o vestiário. Depois de ser apresentado ao técnico – Luis Alonso, conhecido como Lula –, o primeiro jogador que conheci foi o Válter Vasconcelos – um excelente atacante de meio de campo que ao longo da carreira tinha feito mais de cem gols pelo Santos. Ele usava a camisa 10 – era o capitão do time, portanto, o jogador que distribuía a bola pelo campo, como o armador do basquete, uma tradição que se mantém até hoje. O Vasconcelos me agarrou pelo pescoço e abriu um sorriso para o meu pai: "Não se preocupe", ele disse numa voz baixa e grave. "Nós vamos tomar conta do seu garoto!" Eu sorri e comecei e me senti aliviado. Mas aquela sensação não durou muito. Antes que eu me desse conta do que estava acontecendo, Dondinho já estava me abraçando e dizendo adeus. "Vai ficar tudo bem.", ele disse com tranquilidade. "Você vai ser uma grande estrela." E em seguida Dondinho deixou o vestiário com o senhor Waldemar e voltou para Bauru e para a única vida que eu conhecia até então. Fiquei lá, olhando a porta por quase um minuto, meio que esperando eles voltarem a qualquer momento. Era como se, num passe de mágica, minha infância tivesse acabado. E de certa forma eu tenho de confessar que naquelas primeiras noites depois que o Dondinho me deixou eu me senti desesperadamente sozinho. Eu estava dormindo no estádio, em um dormitório embaixo das arquibancadas, onde o Santos dispunha beliches para os jogadores solteiros. Os outros caras eram bem gentis e fizeram de tudo para eu me sentir à vontade. Mas eu não me sentia em casa – o quarto era terrivelmente escuro, não havia fotografias, não havia meus parentes, nada do arroz e feijão caseiro. Eu passava as noites pensando em meus pais, no meu irmão e na minha irmã, nos amigos do meu velho time, o Sete de Setembro. Numa manhã, bem cedo, eu tentei fugir de volta para Bauru. Consegui avançar até porta do estádio, onde fui barrado por um funcionário da equipe técnica, um cara muito legal chamado Sabuzinho. Ele disse que como eu era menor, precisava de permissão assinada para deixar o prédio. Eu disse para ele não se preocupar que depois eu lhe levaria a permissão. Só Deus sabe onde eu estava com a cabeça – eu não tinha dinheiro nem condições de chegar a nenhum lugar. Por sorte o Sabuzinho percebeu o meu esquema – bem, para dizer a verdade, não era preciso ser um gênio para ver o que eu estava fazendo – e daí ele me mandou para o meu quarto. E lá eu fiquei. Mas não houve o momento em que as coisas começaram a mudar à minha volta. Não houve epifania ou momento de triunfo. Em vez disso eu continuei treinando, seguindo minha rotina de exercícios, focado no esporte. Algumas manhãs eu acordava e sentia a cabeça pesada e anuviada, tinha dificuldade até para me mexer. Mas eu me esforçava para sair do beliche e ir para o campo treinar. Pouco depois, assim que começava a treinar meus chutes, passes e dribles, minha cabeça voltava a ficar leve, as nuvens se dissipavam. E todos os dias eram assim.

 O Santos disse que eu era pequeno demais – e era mesmo, eu pesava 45kg – para jogar qualquer partida entre os titulares. No começo, os veteranos me faziam pegar para eles café, cigarro, refrigerante – eu era mais entregador que membro da equipe. Mas eles me botaram para treinar com os garotos maiores. E não demorou para perceber que eu conseguia acompanhar o ritmo dos melhores jogadores. Em um desses treinos o técnico Lula mandou um jogador chamado Formiga me marcar – era um bom zagueiro que tinha até jogado um pouco na seleção brasileira. Eu era capaz de driblar o Formiga duas vezes e mandar várias bolas para o gol. "Você está jogando bem, garoto", Lula disse. "Continue treinando. E se alimente! Meu Deus, você tem que ganhar peso!" Esse não era um conselho difícil de seguir. Com boas fontes de proteína disponíveis, tendo bife e galinha pela primeira vez na vida de forma regular, eu comia tudo o que via pela frente, enquanto continuava a treinar. O Santos tinha uma academia e eu comecei a aprender caratê, que me foi muito útil para conseguir saltar corretamente – e, igualmente importante no futebol, para aprender a cair. Meu corpo começou a ganhar músculos. Minhas pernas ficaram tão grandes que em pouco tempo as minhas coxas tinham a mesma circunferência que a minha cintura. Nesse meio tempo eu também praticava a mesma rotina que exercitara desde criança, seguindo as instruções do Dondinho. Passei muito tempo em campo chutando bolas até depois que os outros jogadores já tinham se retirado. E eu percebi que mesmo estando longe de casa, ainda estava fazendo algo que amava. Eu estava feliz. E embora ainda não percebesse, eu estava a caminho da ascensão.

4 **Dondinho sempre me disse que para ter sucesso no** futebol, talento era importante – mas não era suficiente. A história da vida dele demonstrava isso. De fato, ele sempre disse que você precisava ter também sorte. Essas palavras ressoavam em meus ouvidos em meados de 1956 quando eu ainda tentava encontrar uma maneira de entrar em campo pelo Santos.

Meus primeiros jogos foram defendendo o time juvenil do Santos. Marquei alguns gols, o suficiente para o clube decidir que meu período de testes tinha dado certo e que eu ia assinar um contrato de verdade – mesmo que não fosse muito legal, já que eu ainda era menor de idade. Depois de mais algumas partidas juvenis, veio a oportunidade de jogar como titular. Bem, um tipo de oportunidade. O time principal do Santos tinha um jogo amistoso na cidade vizinha de Cubatão. Vários dos titulares não podiam ir, então eu vesti pela primeira vez uma camisa oficial e entrei em campo. Ganhamos de 6 a 1 e eu marquei 4 gols.

Depois daquele jogo os outros atletas começaram a me tratar um pouquinho melhor. Além disso, a imprensa de Santos começou a prestar atenção em mim e escrevia histórias sobre o garoto do interior que sabia fazer coisas maravilhosas com a bola. A notícia se espalhou e começamos a receber um público de dez mil ou mais pessoas para assistir às partidas de treino do Santos – o dobro do público normal.

No Dia da Independência, em 7 de setembro de 1956 – que também havia sido o nome do time da minha rua – eu participei pela primeira vez como titular oficial do Santos, num jogo contra o Corinthians. Não era o conhecido time do Corinthians, mas um time menor, com o mesmo nome, o Corinthians de Santo André, do ABC de São Paulo. Assim que entrei em campo, um dos melhores jogadores do Santos, o Pepe, chutou para o gol. O goleiro desviou a bola e eu consegui pegar o rebote e marcar – foi meu primeiro gol oficial como jogador, o primeiro de mais de 1.280 gols que marquei em minha carreira. Eu estava eletrizado e corri pelo campo socando ar de alegria. Quando o jogo acabou, o público do Corinthians estava de pé aplaudindo a gente. Os jogadores também foram muito gentis e vieram me cumprimentar.

Foi uma boa estreia. A imprensa do Santos começaria a cobrar abertamente a minha presença nos jogos seguintes. Os moradores de Santos começaram a me reconhecer na rua e me perguntavam quando é que eu passaria a jogar regularmente.

Eu estava preparado para esperar a minha vez. Havia começado no Santos como um armador, ficava dando apoio no meio de campo. Mas agora eu estava sendo usado como centroavante – o lugar que geralmente pertence ao camisa 10. A questão era que o Santos já tinha em campo dois atacantes muito bons – Del Vecchio e Vasconcelos, o sujeito que havia me abraçado e dado boas-vindas calorosas no meu primeiro dia no clube.

Dado o meu histórico familiar, eu simplesmente detesto quando as coisas acontecem do jeito que aconteceram. Uma tarde, quando o Santos disputava em casa um campeonato com o São Paulo, o Vasconcelos colidiu com um jogador adversário. Quando ele começou a gemer no campo, todos nós percebemos que era coisa séria – de fato, Vasconcelos tinha quebrado a perna.

Esse acidente foi a oportunidade que me levou a ser titular de verdade. Quando a temporada recomeçou, em 1957, e Vasconcelos ainda não estava totalmente recuperado, eu fiquei com o lugar dele. E nunca mais eu deixaria o campo.

Vasconcelos foi muito cavalheiro quando anos mais tarde os repórteres perguntaram como a situação toda tinha se resolvido.

"A camisa 10 do Santos era sem dúvida alguma minha", ele disse, "até a chegada de um garotinho negro que tinha uns palitos no lugar das pernas. E que entrou para a História como Pelé."

5 Ao longo dos anos surgiram várias teorias malucas sobre a origem do apelido "Pelé". Uma dessas teorias diz que Pelé viria da palavra gaélica (ou irlandesa) para futebol – o que é bem legal, mas não explica por que um garoto de Bauru seria chamado disso. Pelé também significaria "maravilha" ou "maravilhoso" em hebraico – mas, como a outra hipótese, também não faz sentido. Uma das teorias mais elaboradas diz que um grupo de mercadores turcos em Bauru viu meus amigos e eu jogando bola e eu teria acidentalmente tocado a bola com uma das mãos. Então eu teria dito "Pé" e "Lé", que pode ou não significar "burro" em turco. Na verdade, essa teoria não faz nenhum sentido, mas, acredite se quiser, já foi mencionada em livros anteriores sobre mim, então só estou repetindo aqui para mostrar o grau de confusão desses anos todos!

Mas então qual é história verdadeira?

A história verdadeira é meio decepcionante. Ninguém sabe ao certo a origem da palavra "Pelé". Porque ela não significa nada em português – são duas sílabas sem sentido. Mas meu tio Jorge tem uma teoria que me parece bem mais concreta que as outras, e tem relação com aquelas peladas que a gente costumava jogar nas ruas de Bauru.

Como eu disse antes, eu joguei muitas vezes como goleiro, porque se não fosse assim eu estaria no ataque o jogo todo e o nosso time sempre ganharia de lavada e logo as crianças adversárias iam desistir de jogar com a gente. Bem, naquele tempo, o goleiro do time semiprofissional do Dondinho era um cara que tinha o apelido de "Bilé". Então, quando eu jogava no gol as crianças da vizinhança diziam: "Ei, está se achando o Bilé." "Olha só, o Bilé agarrou mais uma bola!" Como éramos muito criança, o nome acabou sendo trocado, as vogais e as consoantes foram se confundindo e "Bilé" acabou virando "Pelé". E desde aquele tempo o apelido ia me acompanhar pelos campos de futebol.

Quando fiquei um pouco mais velho, passei a detestar o apelido. Afinal, era uma palavra sem sentido, que não significava nada. Pior, eu realmente me orgulhava do nome Edson, pensava que era uma honra receber o nome de um inventor tão importante. A coisa chegou num ponto em que eu comecei a brigar com as crianças que me chamavam de "Pelé". Se eles queriam me chamar por um apelido, aceitaria o "Dico". E também houve um período em que meu apelido em campo era "Gasolina" – acho que porque eu era rápido. Mas não importa o que eu fizesse, não conseguia me livrar do "Pelé".

E quando eu fui para o Santos, porém, algo mudou. Comecei a olhar de outra maneira para o apelido de Pelé.

É meio difícil de explicar isso. Mas é assim: à medida que minha carreira decolava, comecei a pensar em "Pelé" quase como uma identidade à parte. Edson era a criança pobre de Bauru, o filho do Dondinho e da dona Celeste, a criança que sentia muita falta de casa e da família. E Pelé era a estrela em ascensão, que mesmo ainda sendo um adolescente, viria a se tornar um ícone do esporte, talvez o atleta mais famoso do mundo. O Edson podia ser tímido e reservado. Mas o Pelé podia tirar de letra a multidão e sorrir diante de todas as câmeras. Eram a mesma pessoa, mas representavam duas realidades diferentes – uma que me era familiar e outra que era novidade, em constante mudança, e às vezes até meio assustadora.

Parece loucura? Talvez seja. Mas lembre-se de que mal tinha 16 anos quando me tornei titular do Santos. Virei uma sensação imediata – naquele mesmo ano eu fui o maior artilheiro do Estado de São Paulo. Isso aconteceu numa era – o fim dos anos 1950 – quando o rádio e os outros meios de massa estavam começando a tomar conta do Brasil. Pela primeira vez havia um tipo de cultura popular e de repente eu tinha sido jogado no meio daquilo. Do dia para a noite eu passei a ser cercado por jornalistas e fãs e pessoas que diziam que queriam ser minhas amigas. Hoje a nossa sociedade se acostumou com as celebridades, somos até meio cínicos em relação a elas, mas naquele tempo ninguém ainda tinha passado por aquela situação. Para um garoto como eu aquilo podia ser bem avassalador. Mas não em campo – onde eu sempre tinha o controle – e sim fora dele. E assim adotei uma persona como um mecanismo de defesa, uma barreira entre o mundo e eu. E isso me permitia manter os pés no chão. Ter o Pelé por perto garantiria a sanidade do Edson.

E ao longo dos anos eu vi muita gente franzir a testa quando às vezes eu falava do Pelé na terceira pessoa. "O Pelé marcou dois gols hoje, mas ele sentiu que..." "O Pelé se sente muito contente por estar aqui hoje em Berlim." Eu fazia por necessidade. Havia certos aspectos de ser o Pelé que eram muito difíceis de compreender, até mesmo – ou especialmente – por mim. Ser e ter sido objeto de tanto amor e devoção é uma verdadeira honra – eu sempre me senti muito tocado e lisonjeado pelo carinho que recebi da pessoas de todas as partes do mundo. O escritor Norman Cutler uma vez escreveu: "em apenas uma hora ele recebeu mais glórias e elogios que um jogador normal receberia durante toda a carreira." É impossível fazer pouco caso do respeito expressado pelo público. Deus me abençoou com um talento extraordinário e sempre senti que era minha obrigação solene para com Ele usar desse talento para fazer tudo o que eu podia para deixar as pessoas felizes. Essa é a razão principal de por que até hoje nunca digo não a quem me pede um autógrafo ou quer tirar uma foto ao meu lado.

Eu vi coisas incríveis nesses anos todos – coisas que vão além da interação normal entre um atleta e o seu fã. Eu vi homens adultos irem às lágrimas quando me viam; depois de uma partida já tive literalmente as roupas arrancadas por fãs em busca de um suvenir do seu ídolo; já fui atacado por uma multidão de mulheres gritando e chorando; e aparentemente, até já declararam trégua numa das guerras civis na África para que eu pudesse jogar lá.

Quando eu morei em Nova York, nos anos 1970, eu costumava visitar hospitais infantis. Havia crianças que tinham passado meses sem sair da cama e quando eu entrava no quarto elas ficavam de pé, como se estivessem curadas. Os olhos delas brilhavam e aí elas diziam: "eu vou ser um jogador de futebol bem famoso! E vou fazer muitos gols igual a você, Pelé!"

Algumas daquelas crianças tinham câncer terminal. Nossa Senhora, às vezes havia alguma criança sem perna. Então eu olhava para os pais e eles também tinham aquele brilho nos olhos, como se eles também acreditassem, e daí eu olhava de volta para a criança, acenava e dizia com toda a convicção que eu tinha:

"Isso mesmo, filho, você sai sair daqui e vai ser um grande jogador de futebol, exatamente como eu."

Poder fazer parte disso foi um grande privilégio, umas das experiências mais ricas e construtivas que eu tive. Senhor, eu choro só de pensar nisso. Mas essas crianças não estavam animadas para conhecer um brasileiro chamado Edson. Eles estavam reunindo a pouca força que tinham para conseguir se levantar da cama e ver o Pelé, o ícone, a lenda do futebol. É algo com o qual uma pessoa não consegue lidar sozinha. Ser capaz de estar à altura das mais altas expectativas – ser o Pelé – viria a se tornar ao longo dos anos um desafio tão grande como aqueles que enfrentei em campo.

6

Era um final de tarde. Eu desci as escadas até o escritório da diretoria do Santos lá no estádio. Eu ia fazer o meu telefonema semanal para Bauru.

Dondinho parecia sem fôlego quando atendeu.

"Dico", ele disse, "acho que você foi convocado para a seleção brasileira!" Eu comecei a gritar de emoção e fiz até uma dancinha da vitória, ali no meio do escritório. Isso significava que eu entraria a tempo na equipe para competir na Copa do Mundo de 1958, aos 17 anos de idade!

"Espere – só um momento, filho. Fique calmo", Dondinho disse. "Eu disse que acho que você foi chamado".

"Você... Eu... Como?"

Eu sentia que meu coração ia explodir enquanto o Dondinho me explicava o que aconteceu. Ele estava sentado em casa, ouvindo o rádio, quando o locutor começou a ler os nomes dos jogadores que tinham sido convocados para a seleção brasileira. Mas Dondinho não sabia dizer se o locutor tinha dito "Pelé" ou "Telê" – que era um jogador do Fluminense.

"Talvez você devesse perguntar aos administradores", Dondinho sugeriu. "E daí você me liga de volta".

Desliguei o telefone e fui correndo até os outros escritórios do clube, nos subterrâneos do estádio, tentando encontrar alguém – qualquer um – que pudesse me esclarecer. Encontrei duas pessoas, que apenas chacoalharam os ombros e disseram que não tinham ouvido nada. Finalmente eu localizei o Modesto Roma, que na época era o presidente do Santos.

Quando eu contei da confusão, ele deu muita risada. "Ah, sim, com certeza eles anunciaram Pelé", Roma disse. "Eu recebi um telefonema horas atrás. Parabéns, menino, você entrou para a seleção brasileira."

Como eu disse: aquele apelido maldito!

7

Eu me sentia muito honrado, além de muito animado, por receber a convocação, mas também sabia exatamente o que nos aguardava – uma baita confusão. Haviam se passado oito anos desde o desastre no Maracanã, mas o Brasil ainda não tinha conseguido superar e seguir em frente – aliás, nem um pouco. A seleção conseguira se classificar para a Copa do Mundo de 1954, que aconteceu na Suíça – país que não havia participado da Segunda Guerra e que, portanto, estava em condições de receber o evento. A Copa de 1954 foi notável por uma série de razões – foi o primeiro grande campeonato de futebol a ser transmitido pela televisão, e a Alemanha pôde competir novamente. Mas o Brasil foi mandado de volta para casa logo nas quartas de final, quando o time foi destruído por 4 a 2 pela habilidosa seleção da Hungria – os Maravilhosos Magiares, como eram chamados. Mas a Hungria perdeu a final para a Alemanha Ocidental. E desta vez não tivemos histeria com a Copa – na verdade, quase não houve reação, só um dar de ombros coletivo e nacional. Pela diferença de fuso horário com a Europa, os jogos aconteciam tarde da noite para o Brasil. Só uma pequena elite de brasileiros dispunha de aparelhos de TV e, segundo consta, a qualidade das transmissões de rádio a partir da Suíça não eram muito boas. Mas a principal explicação para a apatia era que os brasileiros claramente ainda se sentiam queimados com a Copa de 1950. O trauma ainda estava fresco demais na memória para que houvesse ligação emocional com a seleção de 1954. E talvez tenha sido até melhor assim. Seguindo os passos da Copa de 1954, a seleção passou pelos jogos classificatórios com os outros times sul-americanos sem se livrar da má fama: crescia a lenda de sermos uma seleção que mantinha o brilho e a espontaneidade quando encarava oponentes inferiores, mas que tremia nas bases diante dos grandes times. Em 1957 o Brasil bateu o Equador por 7 a 1 e a Colômbia por 9 a zero, mas perdemos de 3 a zero para os argentinos e – mais agonizante ainda – amargamos uma derrota de 3 a 2 com nossos velhos carrascos, o Uruguai. Precisando de uma vitória contra o Peru para nos classificarmos, passamos raspando – com um salvador 2 a 1. Enquanto isso o time lutava para se reorganizar, com um assustador troca-troca de titulares e técnicos, com sete técnicos diferentes em três anos. A quatro meses do início da Copa da Suécia, o cargo de técnico ainda estava vago. Os mandachuvas da seleção pediram para a gente se apresentar no Rio de Janeiro em 7 de abril. Essa era a única informação concreta que tínhamos – e, cara, a gente podia esperar por qualquer surpresa! Assim que nos apresentamos, em vez de ir ao campo e treinar, fomos mandados direto para a Santa Casa de Misericórdia do Rio de Janeiro. Lá, eu e outros 32 jogadores fomos submetidos a uma bateria assombrosa de testes e exames – por neurologistas, radiologistas, dentistas e cardiologistas, entre outros. Tiraram raio-X da gente e ainda fomos apalpados e apertados, auscultados, massageados e entrevistados. O objetivo disso tudo? Dar início à escolha de 11 jogadores. Apenas 22 atletas iriam para a Suécia. Havia uma lógica por trás desse procedimento: ninguém dizia em voz alta, mas os testes eram resultado direto das lições da Copa de 1950. Ou seja, se o subdesenvolvimento e a pobreza crônica do Brasil tinham de alguma forma nos levado à derrota com o Uruguai, então a nossa seleção receberia todas as ferramentas científicas disponíveis para barrar os jogadores que apresentassem sintomas de doenças. Mas era mais fácil dizer isso que conseguir fazer. Podemos analisar mais uma vez como em meados dos anos 1950 o Brasil era uma nação enferma. Em certas áreas rurais, metade dos bebês morriam antes de completar um ano. Um em cada três brasileiros tinha lombriga. A média de vida era de apenas 46 anos, enquanto a dos americanos chegava a quase 70. E ainda que todos os 33 jogadores no Rio de Janeiro apresentassem excelentes condições e estivessem no auge do rendimento, os médicos estavam determinados a descobrir qualquer doença ou moléstia pronta para aparecer. Para nos encaixarmos ao ideal atlético dos doutores, vários jogadores tiveram dentes arrancados. Outros foram operados da amídala. E alguns foram por fim mandados de volta para casa porque não correspondiam fisicamente ao ideal. Entre os jogadores, dois iam passar por um rigoroso pente-fino. Um deles era o Manuel Francisco dos Santos, que jogava como ponta direita pelo Botafogo e era mais conhecido pelo apelido, "Garrincha", que é nome de um passarinho arisco. À primeira vista, Garrincha era o retrato perfeito das doenças e dos defeitos que os médicos estavam procurando. Ele tinha a coluna torta, a perna esquerda era seis centímetros mais curta que a direita, que por si só já era bem entortada. O Garrincha provavelmente nem teria sido convocado para a seleção se o outro ponta, Julinho, que estava jogando em um clube na Itália, não tivesse recusado a vaga, dizendo que era melhor convocarem alguém que estivesse jogando no Brasil. Médicos do hospital inteiro vinham admirar as penas do Garrincha, que também eram cheias de cicatrizes de colisões e chutes que ele havia levado dos adversários. Garrincha também foi mal no exame psicotécnico; e na linha do formulário onde devia preencher a profissão ele ainda escreveu "atreta". Mas a verdade é que se ortografia fosse o principal critério de seleção, o Brasil não teria mandado nenhum atleta para a Suécia em 1958! E depois de longos exames, os médicos concluíram que as pernas dele, embora feias de doer, pareciam em boas condições, ou quase. Garrincha foi liberado para se juntar ao time. O outro jogador a ser examinado de microscópio? Como se pode imaginar, fui eu. Fui muito bem no exame físico e na avaliação de coordenação motora, mas quase não passo nos testes de comportamento que supostamente avaliavam o vigor mental. Esse era um critério determinante dada a suposição de que a derrota em 1950 era resultado da falta de firmeza. E ninguém iria me dar desconto pelo fato de que, com 17, era um dos mais jovens atletas a participar de uma Copa do Mundo. O veredito do psicólogo João Carvalhaes, que conduzia os testes, não deixava margem para dúvidas: "Pelé é obviamente infantil", ele escreveu. "Falta-lhe o necessário espírito de luta. É jovem demais para sentir as agressões e reagir com a força adequada. Além disso, não tem o senso de responsabilidade necessário ao espírito de equipe." E concluiu: "Não acho aconselhável o seu aproveitamento." Por sorte, o técnico que acabou sendo escolhido para comandar a seleção de 1958, Vicente Feola, era um homem que confiava em seus instintos. Depois de ler o relatório do doutor Carvalhaes, Feola respondeu: "Você pode estar certo. A questão é que você não entende de futebol. Se o joelho de Pelé está bom, ele jogará".

8 **Nossos treinos eram rigorosos e animados. O time tinha** se entrosado bem e parecíamos livres dos fantasmas das Copas passadas. A três dias de partirmos para a Europa, só havia uma tarefa a ser cumprida, uma amistoso de aquecimento contra o Corinthians, que sempre foi um dos times paulistas mais populares e queridos. O jogo ia ser no Estádio do Pacaembu.

A gente nunca, nunca devia ter jogado aquela partida.

Até hoje eu não faço ideia de por que marcamos aquele jogo. Tínhamos jogado amistosos com outras seleções, incluindo a Bulgária e o Paraguai, então já estávamos prontos para a Copa. Além disso, jogar contra um clube que tem uma grande torcida, como a do Corinthians, trazia sempre este resultado previsível e desconfortável: seríamos vaiados em solo brasileiro e diante de uma multidão unida contra a gente. Para piorar, o time do Corinthians e a torcida estavam revoltados com o que consideravam uma injustiça: o jogador Luizinho, amado por todos, tinha ficado de fora da seleção.

Assim que entramos no campo do Pacaembu choveram as vaias contra a seleção brasileira. E enquanto fomos abrindo e ampliando o placar as vaias só aumentavam. Quando estávamos em 3 a 1, e vários jogadores já estavam com a cabeça na Suécia, pensando em que roupa iam precisar levar, eu recebi o passe do meio-campista corintiano e fui na direção da área. E até hoje eu não vi a cor do carrinho que eu levei do Ari Clemente, o zagueiro do Corinthians.

Senti que alguém havia enfiado uma agulha incandescente no meu joelho direito. Rolei pelo chão, gritando de dor, e os assistentes do time vieram correndo na minha direção.

"Consegue ficar de pé, filho?"

Eu estava tomado pelas dores – e pelo terror. Eu pensei instantaneamente no meu pai. Era o mesmo joelho que ele tinha estragado em seu primeiro jogo importante. Será que esse também seria o meu destino?

"Estou bem, estou bem", eu disse, tentando mais acalmar a mim mesmo.

Mas quando eu tentei ficar de pé e forcei o joelho, ele cedeu. Os treinadores se entreolharam e me carregaram para fora do campo, de volta ao vestiário, enquanto eu chorava igual criança.

Em todos os anos seguintes e por todos os jogos importantes de que participei, não lembro de um momento mais tenso que aqueles primeiros minutos em que me vi sentado no salão de treinamento, com as luzes apagadas, secando as lágrimas e tendo o meu joelho apoiado numa mesa de metal. O doutor Hilton Gosling, que era o chefe da equipe média, e o Mário Américo, nosso querido fisioterapeuta, puseram meu joelho no gelo e conversavam a meia voz.

"Não se preocupe com nada", o Mário dizia. "Vamos nos certificar de que você está bem".

Palavras gentis, mas ninguém sabia de verdade o que ia acontecer. Afinal, ainda estávamos no Brasil e havia 11 jogadores saudáveis – incluindo o Luizinho – que estavam mais que prontos para tomarem o meu lugar. Seria uma decisão simples e até óbvia me deixarem para trás – e mais tarde eu ficaria sabendo de como quase me tiraram da seleção. A delegação brasileira sondou um jogador chamado Almir, que jogava pelo Vasco da Gama, para me substituir. No fim, o doutor Gosling disse aos treinadores que o meu joelho estava em péssimas condições. Eu ia perder um mês, ele disse, referindo-se aos amistosos que estavam marcados na Europa, e talvez também não jogasse as primeiras partidas da Copa. Mas o doutor Gosling disse a eles que eu era jovem e em boas condições de saúde e que eu poderia, veja bem, poderia, até me recuperar mais cedo do que ele imaginava.

Os treinadores tiveram uma longa e minuciosa discussão – e decidiram que o risco de me levaram para a Europa valia a pena. Se fosse eu que estivesse no comando, não sei se teria tomado a mesma decisão. Mas se não fosse a graça de Deus e a fé dos médicos e dos treinadores, a minha vida poderia ter seguido um rumo bem diferente.

9
Em Bauru eu alimentei por alguns anos o sonho de ser piloto de avião. Havia uma pequena pista de pouso na cidade e eu passei muitas tardes sentado ao lado da pista assistindo aos aviões e planadores que decolavam e pousavam, e às vezes eu matava aula para ir ver os pilotos, que usavam aquelas jaquetas de couro e óculos de aviador. Aquilo tudo me parecia incrivelmente glamoroso, um passaporte para uma vida nova e excitante.

Um dia nós ouvimos a notícia de que um piloto tinha se espatifado com um planador. Para nós parecia ser o evento mais dramático que já acontecera em Bauru. Meus amigos e eu corremos primeiro para a cena do acidente e ficamos examinando com atenção a aeronave que ainda soltava fumaça. Depois corremos para o hospital e conseguimos espiar através de uma janela meio embaçada. Ali estava o piloto, morto, o corpo dele sobre a mesa da autópsia. Eu estava fascinado – nunca tinha visto um cadáver antes – então o médico tentou mover o braço do coitado, mas o corpo já estava endurecido, e quando ele puxou com força, correu sangue e o sangue esguichou da mesa para o chão. Meus amigos e eu gritamos de pavor e saímos dali o mais rápido possível. Por meses, até anos, eu teria pesadelos com aquela cena.
    E como você pode imaginar, aquela experiência me demoveu por um tempo da ideia de voar. Então, quando fui a bordo de um DC-7 da Panair rumo à Europa, no dia 24 de maio de 1958, era a primeira vez que eu pisava numa aeronave. Subi as escadas lentamente, aos pulinhos, com meu joelho direito enrolado num curativo gigante, nervoso com a viagem e – acima de tudo – nervoso com a possibilidade de não conseguir jogar por causa daquele joelho. E se me mandassem volta para o Brasil logo que a gente chegasse à Europa? Meu estômago dava voltas.
    Mas assim que a viagem começou, tudo logo se tranquilizou. O dentista da seleção, o doutor Mário Trigo era um piadista e para nos descontrair ele organizou um tipo de jogo de perguntas e respostas em que a gente ia respondendo com os maiores absurdos. Quando paramos em Recife para abastecer havia milhares de nordestinos no aeroporto cantando e gritando, desejando boa sorte para a seleção. Isso ajudava a tirar o gosto ruim deixado pela partida contra o Corinthians – e nos lembrou de que tínhamos um país inteiro do nosso lado. E também já começávamos a criar laços entre a gente, a sedimentar aquelas amizades que fazem de um time – principalmente uma seleção nacional – uma experiência tão enriquecedora. Nada une mais as pessoas como a honra de representar o próprio país. E sendo esse país o Brasil, um modo certo de criar laços é bolando apelidos idiotas para as pessoas, mesmo que elas já tenham dois ou três.

Gylmar virou "Girafa", por causa do pescoço comprido. De Sordi era o "Cabeça", porque a dele era imensa. O apelido do Dino Sani ficou sendo "Joelho" – porque ele era careca e cabeça lisa dele lembrava um joelho. Alguns apelidos eram tão obscenos que nem podem ser publicados. Didi era o "Cisne Negro". e Mazzola, o "Cara de Pedra". E pela ironia óbvia da coisa, todo mundo achou muito engraçado me chamarem de "Alemão".

Nossa primeira parada na Europa foi Lisboa, onde abastecemos. De lá fomos para a Itália, onde a seleção tinha marcado outros amistosos, agora contra dois clubes italianos, o Fiorentina de Florença e o Internacional de Milão, mas por causa do joelho não participei de nenhum. Antes dos jogos a gente fez um passeio de ônibus por Roma. Éramos quase um espetáculo à parte – um bando de garotos do Brasil, rindo e gritando como loucos, fazendo turismo no berço da civilização ocidental. A gente viu o Coliseu, a Fontana de Trevi, a Via Veneto e todas as atrações turísticas. Mas a gente não entendia dessas coisas – e antes do passeio terminar já estávamos gritando: almoço, almoço, almoço.

E finalmente os treinadores desistiram e foram obrigados a nos levar a um grande restaurante italiano onde fomos servidos com imensos pratos de macarrão. E disso sim a gente entendia bem.

A gente não sabia nada do mundo. Mas também o mundo não sabia nada da gente. Quando depois de alguns dias chegamos finalmente ao nosso hotel na Suécia, os nossos anfitriões haviam hasteado uma bandeira de cada país que participava da Copa do Mundo. União Soviética, Inglaterra, País de Gales... estavam todas lá e em boa forma. Mas a bandeira do Brasil estava toda errada. Era mais ou menos azul, verde e amarela. Mas, em vez de um círculo azul no centro, havia um quadrado e completamente fora de lugar.

Eu estava do lado de fora do hotel com alguns dos jogadores brasileiros: Nilton Santos, Zagallo, Gylmar e mais alguns. Aí um deles apontou para a bandeira e ficamos lá, espantados, por uns instantes em silêncio. Então alguém começou a rir e daí todo mundo riu também. Por fim, o Gylmar, nosso goleiro, disse:

"Bem... droga. Acho que é melhor a gente pedir para eles trocarem a bandeira."

Gylmar decidiu ele mesmo cuidar disso. E pouco tempo depois nossos anfitriões suecos graciosamente hastearam uma bandeira nova, completamente correta. Era um erro inocente, mas aprendemos algo ali naquele momento: não era só a gente que ainda tinha o que aprender.

10 **No mundo de hoje, em que temos Facebook, Google,** Youtube e CNN, parece inacreditável pensar no quão pouco os países sabiam uns dos outros no passado. Em 1958, a TV ainda era um artigo de luxo, acessível a uma pequena quantidade de europeus, e disponível para bem poucos brasileiros. Então, na Suécia, assim como em todos os outros países que visitaria nos anos seguintes, nós éramos mais que jogadores de futebol – éramos embaixadores do nosso país. Para a maioria das pessoas, fosse nos vendo da arquibancada ou nos encontrando na rua, nós éramos o primeiro contato que eles tinham com o Brasil. Milhões de pessoas passaram a conhecer alguma coisa do Brasil por causa do futebol. Era uma responsabilidade maravilhosa. E também era muito divertido.

Na maior parte do tempo eu estava focado na recuperação do joelho. Mas eu não podia ficar o dia inteiro com um pacote de gelo na perna, e tínhamos seis dias e noites na Suécia antes de começarem os jogos para valer. Então eu me juntei aos outros jogadores e fomos passear pela cidade. E rapidamente nos apaixonamos por aquele estranho mundo novo.

Claro, os dirigentes da Seleção Brasileira tinham ideias totalmente diferentes sobre o que a gente deveria fazer com o nosso tempo. Eles estavam determinados a nos manter tão focados quanto fosse possível. E também queriam aparar um pouco a nossa "brasilidade", que supostamente havia nos custado tanto em 1950. Entre os itens da longa lista de regras e regulamentos que nos impuseram, fomos explicitamente proibidos de entrar no avião com tamborins, caixas e outros instrumentos barulhentos. "Era uma seleção brasileira que estava viajando para a Suécia, não uma escola de samba", escreveu o jornalista Ruy Castro no livro "Estrela Solitária", sobre a vida do Garrincha. Também fomos proibidos de falar com a imprensa fora dos horários marcados e de levar jornais para os locais de treinamento. A equipe que cuidava da gente abria toda a nossa correspondência e antes de liberar as nossas cartas procurava por qualquer notícia que pudesse nos preocupar. Uma vez por semana a gente tinha permissão para falar ao telefone com as nossas famílias – por três minutos no máximo.

Era tudo muito controlado. Mas havia elementos da cultura sueca que, por mais que a equipe da seleção se esforçasse, acabavam se revelando. E como eles se esforçavam! Por exemplo, o doutor Gosling pediu para que o hotel onde a gente ficou, na cidade de Hindas, trocasse temporariamente as 28 funcionárias por vinte 28 funcionários. Bem, o hotel acatou o pedido. Mas imediatamente os jogadores descobriram uma distração mais perigosa – na ilha de um lago ali perto havia uma colônia de nudismo e essa colônia era visível, com algum esforço, das janelas do nosso hotel.

O doutor Gosling perguntou à autoridades suecas se o pessoal da ilha não se incomodaria de se cobrir um pouco enquanto a Seleção Brasileira estivesse na cidade. Eles educadamente se recusaram a atender o pedido. Alguns dos jogadores apareceram com binóculos, sabe-se lá como, e lá fomos nós.

E a partir do momento que fizemos o primeiro contato, não havia como manter as garotas suecas longe da seleção. Isso era em 1958, e olhando agora, a verdade é que os anos 1960 haviam chegado primeiro à Suécia. As mulheres eram bonitas e tremendamente avançadas, e avançadas de um jeito que nunca tínhamos visto antes no Brasil. Para o nosso espanto completo, os jogadores mais populares com as suecas não eram os altos e bonitões, mas três jogadores negros – Didi, Moacir e eu. Elas vinham correndo para tirar fotos e pedir autógrafos ou só para bater papo. Nós não sabíamos nada de sueco, eles não falavam nada de português, e nós três só conhecíamos umas seis palavras em inglês. Mas as garotas não se importavam nem um pouco. Imagino que muitas delas nunca tinham visto um negro antes. Algumas só queriam esfregar as mãos nos nossos braços e rostos, o que causou muita gargalhada no resto do time.

"Pelé, diz pra elas que a cor não sai! Que você pode ir tomar chuva com elas sem medo de desbotar!"

Sei que no mundo de hoje muitos comentários desse tipo podem soar ofensivos, mas naquela época era algo inocente, dentro de um espírito de descoberta. As garotas pareciam realmente surpresas que a nossa cor não saísse! E eu até acabei tendo uma paquera com uma garota sueca lindíssima chamada Ilena, que também tinha 17 anos. Obviamente, a gente não conseguia se comunicar direito, mas ela tinha uma risada maravilhosa e a gente saía para passear pela cidade de mãos dadas e íamos apontando para o que víamos e trocávamos sorrisos, eu sorria até meu rosto doer. Estávamos muito encantados por termos nos encontrado e por estarmos ali, no centro daquele evento mundial, tão importante e excitante. Eu me lembro de como a Ilena chorou quando eu tive de ir embora da cidade dela, aquilo me deixou triste, mas também encantado, eu me sentia como um adulto por ter uma pessoa no mundo que ia sentir falta de mim daquele jeito.

No fim os jogadores encontraram maneiras de fugir às restrições a manter contato com o resto do mundo. Pelo menos em parte. Um dia, um grupo de jogadores saiu para olhar o comércio. As lojas brasileiras não tinham muitos produtos importados naquele tempo – o Brasil era uma economia fechada e tudo o que vinha de fora era muito caro. Então acabamos vendo todo tipo de coisa que para nós era novidade, incluindo uma invenção relativamente recente: rádios movidos a pilha. Naquele dia eu estava com o Garrincha e o Nilton Santos, que era colega dele no Botafogo. Estávamos testando os rádios, ligando os aparelhos para ver se os autofalantes funcionavam, até que o Garrincha fez uma careta, como se estivesse sentindo algo podre.

"Mas de jeito nenhum que eu vou comprar esse rádio!"

O Nilton se virou, surpreso.

"Mas por que não, Garrincha?"

"Não entendo nada que o rádio fala!"

Levou um minuto para a gente entender. A voz que vinha do radinho de pilha falava claramente em sueco.

"Ah, qual é, Garrincha?" O Nilton rugiu, buscando ar porque não se aguentava de rir. "Vai falar em português quando você voltar para o Brasil!"

Garrincha balançou a cabeça, ainda não estava convencido. "Vai nada, cara".

E eu ria junto. Mas era o tipo de confusão que eu também teria feito. Como eu disse, era uma época diferente. E é difícil acreditar que todas essas coisas realmente aconteceram.

11 **Quando começaram os jogos oficiais da Copa do Mundo de 1958**, Garrincha e eu acabamos no mesmo lugar – o banco de reservas. Alguns dos dirigentes acreditavam que Garrincha não tinha suficiente disciplina mental para jogar contra o nosso primeiro oponente, a seleção da Áustria, cuja estratégia se baseada na impressionante precisão técnica do ataque. E, quanto a mim, meu problema com o joelho continuava. O doutor Gosling havia me dito que para ter qualquer esperança de jogar eu teria de passar por uma série de tratamentos dolorosos. A maioria deles implicava colocar toalhas pelando de tão quente no meu joelho. É preciso lembrar que esse médico era tido como um dos melhores do mundo em medicina esportiva – o que demonstra como o mundo do esporte ainda estava na idade das trevas. Mas aceitei sem reclamar. Eu queria desesperadamente voltar ao campo.

Na primeira partida, o Brasil jogou uma maravilha, batendo a Áustria por 3 a zero, com dois gols de Mazzola e um do Nilton Santos, cuja performance aparentemente não tinha sido abalada pelo contrabando que ele levava na mala. Mas, em nossa segunda partida, contra a Inglaterra, a seleção empacou e jogamos o mais temido dos resultados no futebol – um empate de zero a zero. No formato de campeonato por fase de grupos usado na Copa da Suécia e nas Copas seguintes, os jogos iniciais eram disputados por grupos de quatro times, com os dois times mais pontuados avançando em direção à rodada de eliminação. Depois de conseguir só um empate com a Inglaterra, nós precisamos derrotar nosso terceiro e último oponente para ter garantir a permanência do Brasil.

Quando fiquei sabendo que estávamos a apenas um jogo de ir para casa, pensei que ia enlouquecer. Por que o meu joelho não melhorava?

Ainda bem que os jogadores mais veteranos estavam ali para me animar, especialmente o Waldyr Pereira, conhecido como "Didi", que sempre demonstrou uma confiança tranquila e quase sobrenatural de tão inabalável a respeito da minha capacidade de jogar, mesmo naquelas condições. Com 30 anos, ele era um dos jogadores mais velhos do grupo – tão velho, segundo os estranhos padrões do esporte profissional, que a diretoria da seleção quase o deixou no Brasil. Mas a experiência e a conduta do Didi eram exatamente do que o nosso grupo de novatos precisava – ele era tão seguro de si e contido, tão tranquilo e elegante que muita gente o comparava a um músico de jazz. Um de seus apelidos era "O príncipe etíope" – o que era um milhão de vezes mais legal que um "Pelé". E sempre serei grato a Didi por, entre tantos e tantos feitos na Copa de 1958, ter me ajudado a manter a cabeça enquanto eu ainda estava machucado.

"A sua hora vai chegar, garoto" ele dizia, dando tapinhas na minha cabeça, como se eu não precisasse me preocupar com mais nada. "Apenas relaxe e não force esse joelho".

Era um bom conselho. Fui ver novamente o doutor Gosling e fiz uma série de exercícios e manobras enquanto ele observava. Ele não disse muita coisa, mas percebi que tudo ia bem. Na véspera do jogo, o Zito, meu colega do Santos, veio falar comigo e disse: "Acho que a nossa hora chegou." Eu não acreditei muito nele. Mas logo depois um dos chefes da delegação brasileira apareceu, botou as mãos nos meus ombros e disse:

"Você está pronto, Pelé?"

Eu abri um sorriso de quilômetros de largura. E logo soube que os dirigentes, acreditando que precisavam de uma inspiração, tinham retirado quaisquer reservas que tivessem sobre o Garrincha. Ele também ia jogar a próxima partida. Então era só uma questão de nos prepararmos para o próximo oponente. E, cara, foi uma loucura.

12 Em 1958 havia uma nação que acima de todas as outras cultivava uma aura de mistério: a União Soviética. Essa aura era ainda maior no futebol. Estávamos no auge da Guerra Fria, e os soviéticos estavam determinados a convencer o mundo de que o sistema deles – o Comunismo – era superior a todos os outros e em todos os aspectos da nossa existência. No ano anterior, em uma demonstração de poder científico e militar, os soviéticos tinha lançado o *Sputnik*, o primeiro satélite a alcançar o espaço. Agora, com uma vitória na Copa do Mundo, eles mostrariam que eram os melhores também no esporte.

Uma das coisas que sempre me fascinou no futebol até hoje é o modo como as seleções nacionais refletem as características de suas nações. Você pode dizer muito de um país pelo modo como eles jogam. Por exemplo, os alemães sempre foram conhecidos por terem equipes "eficientes", que nunca desperdiçavam um único passe ou drible. O escritor inglês Brian Glanville disse sobre a seleção inglesa: "A Inglaterra, em conformidade com o caráter dos ingleses, sempre combinou sólida disciplina com uma ocasional excentricidade de gênio." Obviamente, quando estamos falando desse tipo de coisa, não podemos nos levar demais pelos estereótipos. Mas concordo com muito do que já foi dito sobre como o estilo de jogo dos brasileiros reflete o nosso caráter nacional: jogamos com alegria, com muito improviso e com uma determinação, para o bem ou para o mal, de ignorar regras e convenções estabelecidas. Alguns observadores até identificam traços étnicos que comporiam o nosso temperamento – o antropólogo e sociólogo Gilberto Freyre escreveu em 1938 que as qualidades de "surpresa, de manha, de astúcia, de ligeireza e (...) de brilho e espontaneidade individual" que os times brasileiros de futebol demonstravam em campo eram um reflexo do nosso "espírito de mulatice".

Nessa pegada, os soviéticos chamavam o estilo de jogo deles de "futebol científico", refletindo a crença de que as mesmas qualidades responsáveis por levar o *Sputnik* ao espaço também os ajudariam a ganhar a Copa do Mundo. Eles reuniram informações, tinham treinamento e uma ênfase em acuidade mental que os nossos dirigentes brasileiros, com procedimentos de arrancar dentes e testes de comportamento, só podiam sonhar. Diferente de nós, a abordagem soviética já tinha obtido resultados concretos – incluindo uma medalha de ouro nos Jogos Olímpicos de 1956 em Melbourne, na Austrália. Histórias sobre os meticulosos preparativos dos soviéticos já tinham se espalhado pelas outras concentrações. Nós ouvimos que os jogadores soviéticos eram capazes de correr a toda velocidade por três horas, sem parar. Alguém havia nos contado de que eles faziam até quatro horas de ginástica nas manhãs de cada jogo.

É claro, muito disso era só propaganda da Guerra Fria – mas naquela época a gente nem sabia. Ainda não havia a oportunidade de espionar os adversários por filmes nem vídeos; só podíamos confiar no boca a boca. Então estávamos convencidos de que iríamos encarar uma raça genuína de super-seres, maiores e talvez mais espertos que a gente em todos os aspectos imagináveis.

A faceta mais intimidante da seleção soviética era o goleiro, Lev Yashin – e no caso dele, muito da sensação que causava tinha bases concretas. Com quase 1,90m de altura, Yashin fazia sombra sobre todos os jogadores em campo, e passava quase o jogo inteiro gritando ordens a todos, colegas e adversários. Ele era durão de um modo bem soviético, tendo começado a carreira quando ainda era adolescente, durante a Segunda Guerra, quando foi mandado para uma fábrica do exército em Moscou e começou a jogar bola com o time da casa. Ele também era um excelente goleiro em hóquei no gelo. Yashin era conhecido como "A aranha negra" – em parte pelo costume de se vestir todo de preto e também porque ele pegava tantas bolas impossíveis que parecia ter oito braços. Ele não era só um produto de propaganda; era mesmo um dos maiores craques de todos os tempos. Em 2013, um grupo de especialistas da revista *World Soccer* votaram em massa em Yashin como o melhor goleiro de todos.

Se esse era mesmo um confronto entre o caráter de cada nação, como poderia a alegria e a habilidade de improvisar de um país pobre como Brasil ter alguma chance de triunfar sobre o treinamento, o planejamento e os recursos de uma superpotência como a União Soviética?

Bem, nossos treinadores tinham uma resposta: chutando o adversário no rosto. Não literalmente, claro. Mas eles acreditavam que assim que o jogo começasse a seleção brasileira precisava fazer algo dramático o suficiente para desorientar os soviéticos e obrigá-los a sair da zona de conforto. Se a gente conseguisse tirar a partida do campo da ciência e levá-la para o campo do comportamento humano, então talvez houvesse uma chance de vencer.

13 Juro que assim que entrei correndo no campo de
Gotemburgo e me livrei do agasalho, ouvi o espanto das 55 mil pessoas nas arquibancadas. Eu era tão pequeno e com cara de nenê que muitos torcedores provavelmente pensaram que eu devia ser só o mascote do time.

Fui em direção ao banco de reservas e o treinador Mário Américo me fez uma última massagem no joelho. "Parece bom", ele disse. "Agora vai lá, garoto". Eu não me lembro de estar muito nervoso – eu estava cheio de adrenalina, claro, mas sentia mais a excitação de voltar para o campo. O futebol, como sempre, era a parte fácil. Assim que o Garrincha e eu tomamos nossas posições, vi alguns olhares confusos nos rostos dos soviéticos. Nosso time tinha se esforçado para esconder a informação de que nós iríamos jogar. Ficamos sabendo que havia um espião soviético acompanhando a nossa movimentação, então o time mudou de uma hora para outra o horário do treino final, quando Garrincha e eu nos juntamos aos titulares. Sim, o Brasil também podia brincar de Guerra Fria! E aparentemente o nosso estratagema tinha funcionado. Antes que os soviéticos percebessem o que estava acontecendo, soou o apito e o jogo começou. O que se seguiu foi uma demonstração de energia da qual eu nunca tinha participado antes. O Garrincha rapidamente pegou a bola e saiu fazendo seu caminho pela ala direita, driblando e pausando quase a cada passo. As belas e tortas pernas dele confundiam completamente os adversários e o tornava absolutamente impossível de ser marcado – por causa dos ângulos estranhos das pernas, os zagueiros nunca conseguiam saber para que lado ele iria em seguida. Além disso, como era um brincalhão nato, ele sempre se divertia ao fazer o oponente de bobo e até o provocava com aqueles improvisos bizarros e movimentos circenses. Praticamente, desde o momento em que o Garrincha conseguiu pegar a bola naquele dia eu ouvia a multidão dar risada. As arquibancadas estavam ocupadas quase que inteiramente por suecos, mas graças à alegria de Garrincha eles vinham torcendo para o Brasil desde o começo. Enquanto isso os soviéticos estavam completamente desconcertados – nada em seus manuais científicos os haviam preparados para aquilo! Garrincha se livrou do último zagueiro e mandou um chute fabuloso para o gol. Infelizmente, a bola ricocheteou na trave. E segundos depois a bola rolava na minha direção. Reuni toda a minha força, mirei na rede e – *clang!* Outra vez na trave! Eu devo ter ficado muito desapontado, porque o Didi mais uma vez reunindo todo o controle que a gente não tinha, gritou do meio de campo: "Relaxa, garoto, o gol vai chegar!" E ele estava certo. Quase imediatamente o próprio Didi encontrou uma abertura e fez um passe lindo para Vavá, um dos nossos centroavantes, que diligentemente enfiou a bola na rede. Brasil 1, União Soviética zero. Era difícil de acreditar, mas depois de toda aquela correria, agitação e emoção, o jogo ainda estava em seu terceiro minuto. Gabriel Hanot, o jornalista francês que cobriu eventos esportivos por décadas, mais tarde descreveria aquele início como "os três melhores minutos na história do futebol". Era inevitável desacelerar um pouco depois daquilo tudo, mas o ritmo do jogo estava definido e os soviéticos nunca conseguiram retomar a compostura. Dei assistência para o segundo gol do Vavá no segundo tempo, que definiu nosso resultado: Brasil dois, União Soviética zero. O placar estaria mais favorável ao nosso lado se não fosse por Yashin, a Aranha Negra, que fez várias defesas excelentes naquele dia. A grande revelação, é claro, havia sido o jogador que a partir de então seria conhecido no Brasil como "O Anjo das Pernas Tortas". Foi principalmente graças a ele que chegamos às quartas de final – e o jogo seguinte, contra o País de Gales dali uma semana, seria jogado no mesmo estádio. "Parabéns, Gotemburgo", um jornal sueco publicou. "Na quinta-feira vocês verão Garrincha novamente!".

14 Nossa vitória sobre a poderosa União Soviética teve outro efeito: foi o jogo que convenceu as pessoas lá no Brasil que talvez, apenas talvez, fosse possível começar a acreditar em nossa seleção novamente. Depois do desespero de 1950 e da apatia de 1954, era como se finalmente as nuvens começassem a ir embora depois de um longo inverno e o sol finalmente começasse a brilhar mais uma vez sobre o futebol brasileiro. Os rádios foram religados; os jornais voltaram a esgotar nas bancas. Nossos fãs tinham coragem de sonhar novamente com o título daquele inefável campeonato de primeiro mundo.

O nosso desempenho era importante, mas em geral os brasileiros já começavam a se sentir melhor. E o futebol não era a única coisa boa acontecendo no país em 1958. Nesse mesmo ano João Gilberto gravou o seu álbum "Chega de Saudade", que ajudaria a lançar aquele novo ritmo musical: a bossa nova. E 1962, ano da próxima Copa, Vinicius de Moraes e Tom Jobim iriam compor "Garota de Ipanema", que sairia no ano seguinte no álbum "Getz/Gilberto", na voz de Astrud Gilberto. Essa música se tornaria um dos maiores sucessos de todos os tempos. A bossa nova se uniria ao futebol como a nova face do Brasil no mundo – e, de certa forma, seria uma fonte de orgulho ainda maior, porque era algo originalmente e totalmente brasileiro, inventado por nós.

Nos anos seguintes eu iria passar algum tempo com João Gilberto, e apesar da reputação de ter uma personalidade levemente difícil, ele sempre foi graciosamente paciente com a minha paixão de amador pela música. Nós nos encontramos em vários eventos no Brasil e em Nova York e sempre vi nele uma pessoa estimulante, que sempre ia direito ao ponto. De uma coisa eu me arrependo, porém – nunca toquei com ele. Posso não ser o melhor músico do mundo, mas sempre toquei o meu violão e sempre gostei de cantar. O que me faltava em talento eu compensava em paixão, e, ao longo dos anos, consegui tocar com gigantes da música brasileira, como Tom Jobim, Sérgio Mendes e Roberto Carlos. Caramba, eu até já cantei uma vez com o Frank Sinatra! Mas nunca cheguei a tocar com o João, embora sempre tenha sentido muito respeito por ele e até sentir uma certa afinidade. Somos parte de duas gerações vitoriosas que iriam promover o Brasil pelas décadas seguintes.

No final dos anos 1950 até a nossa política parecia estar indo muito bem – o presidente Juscelino Kubitschek era uma pessoa competente e amigável que alguns chamavam até de "o presidente bossa nova". Juscelino – que, como tantos presidentes brasileiros, era conhecido só pelo primeiro nome – estava decidido a tornar o Brasil um país próspero e moderno e no menor tempo possível. Ele batizou seu plano de desenvolvimento de "cinquenta anos de progresso em cinco", cujo foco era apoiar o parque industrial brasileiro. E de uma hora para outra estávamos produzindo eletrodomésticos, máquinas de costura e outros bens que já eram artigos comuns em vários países, mas que nunca antes estiveram tão difundidos nos trópicos. Fábricas de automóveis começaram a aparecer na Grande São Paulo e logo o Brasil iniciava sua apaixonada relação com carros e motores.

O maior e mais ambicioso projeto de Juscelino era construir "do nada" uma nova capital. A cidade seria construída sobre um pedaço do árido planalto situado na fronteira com o Estado onde nasci, Minas Gerais. A ideia era que ao forçar os políticos a deixarem o Rio de Janeiro para irem viver no interior do país, talvez eles começassem a prestar mais atenção a lugares como Bauru e Três Corações e talvez algum dinheirinho começasse a cair de seus bolsos e chegasse ao povo humilde. Até aquele momento, as maiores cidades brasileiras estavam concentradas quase inteiramente no litoral – "arranhando ao longo do mar, como caranguejos", para usar uma frase famosa. Juscelino, que era do tipo impaciente, queria a cidade finalizada já em 1960. Nunca houve um empreendimento como esse na história moderna – e, enquanto jogávamos na Suécia, milhares de trabalhadores da construção civil estavam ocupados levantando os ministérios e os palácios que logo dariam forma a uma das cidades mais distintas do mundo. Era outro feito que parecia indicar que o Brasil tinha deixado para trás seu passado de atraso e obscurantismo.

Em resumo, o Brasil era um país completamente preparado para um salto gigantesco – uma transformação. Tudo o que a gente precisava fazer era manter a bola rolando.

15 Os jogadores do País de Gales, que eram bem espertos, vieram para o jogo contra a gente com um objetivo supremo – não deixar o Garrincha vencê-los.

Depois da demonstração extraordinária contra os soviéticos, essa era uma boa estratégia. Durante aquele jogo, o Garrincha tinha pelo menos dois e às vezes três zagueiros de marcação a cada momento. Nem mesmo ele, com seu talento sobrenatural, era capaz de fazer acontecer a mágica enquanto estivesse completamente sufocado. A desvantagem óbvia de se deslocar três zagueiros para marcar uma pessoa era que isso abria oportunidades para os outros jogadores. Mas o time de Gales era muito bom, com uma defesa sólida e um técnico muito amado e respeitado, Jimmy Murphy. Na fase inicial dos grupos, eles tinham dado um chocolate na Hungria, que em 1954 acabou coroada vice-campeã, depois de ter mandado a seleção brasileira mais cedo para casa. E não era a seleção do País de Gales representante de uma nação pequena? Definitivamente. Mas, meu Deus, a última seleção do mundo a subestimar um país pequeno em 1958 seria o Brasil!

O primeiro tempo acabou sem gols. Eu não tive muitas oportunidades de chegar na bola. Mas o Didi diria mais tarde que estava me "poupando" durante os primeiros 45 minutos do jogo. Ele acreditava que, por causa da minha idade, ninguém iria prestar muita atenção em mim – os adversários podiam até se esquecer completamente de mim. Eu era um garoto que ninguém precisava temer; e com certeza a atenção dos zagueiros parecia diminuir à medida que o jogo avançava. Didi era como um grande maestro, e eu era o jovem solista para quem a hora ainda ia chegar.

A vinte minutos do fim do jogo o meu momento finalmente chegou. Garrincha, talvez pela primeira vez durante a partida, era marcado só por um zagueiro. Ele aproveitou a abertura e passou a bola para Didi, que mandou para mim. Eu estava de costas para o gol e o Didi ainda estava correndo, esperando que eu devolvesse a bola para ele. Mas em vez disso, reagi por instinto, exatamente como Dondinho sempre tinha me ensinado. Eu "matei" a bola no peito e então, sem deixá-la tocar o chão, lancei-a por cima do pé levantado do zagueiro galês – "com audácia", segundo um locutor. A bola quicou uma vez e com agilidade eu dei a volta no zagueiro e mandei uma bomba para o canto esquerdo do gol.

Brasil 1, País de Gales zero.

Eu soltei um grito – um rugido comprido e gutural. Corri na direção do gol e pulei de alegria, uma vez, duas vezes, então cai de joelhos para pegar a bola no fundo da rede.

Quatro de meus companheiros vieram correndo para o gol e pularam em cima de mim, me derrubando no chão e me prensando contra o gramado. E depois vieram uma dúzia ou mais de fotógrafos da imprensa – eles invadiram o campo, o que não era permitido fazer, mas quem se importava? Começaram a tirar fotos da gente rolando pelo gramado. Até finalmente um jogador do País de Gales aparecer e, um tanto emburrado, começar a nos puxar para fora dali, como se quisesse dizer: "tá bom, caras, já chega".

Eu não estava tentando me gabar nem me exibir. A verdade mesmo é que eu estava paralisado de alegria. Não conseguia parar de rir nem de gritar. Eu senti que alguma coisa dentro de mim tinha despertado – para nunca mais voltar a dormir.

16

Aquele gol nos trouxe a margem que faltava contra o País de Gales – a mais apertada das vitórias, 1 a zero. Depois que o jogo acabou eu me lembro de receber abraços dos meus companheiros e de alguns elogios de membros da imprensa. Mas depois disso, tudo virou um grande borrão. Eu me vi sendo levado por algo muito maior que eu, e em vez de resistir a essa onda, deixei que ela me levasse.

Eu sempre sonhei com futebol – alguma surpresa nisso? – e durante aqueles dias e aquelas noites depois da vitória contra a seleção do País de Gales eu começava a fantasiar como nunca antes. Cada drible, cada passe, cada chute agora se desdobravam em diferentes possibilidades. Eu começava a sonhar que passava a bola pela esquerda, em vez de pela direita, com derrubar um último zagueiro em vez de chutar de longe pro gol. Agora que eu tinha certeza de que era capaz de marcar um gol diante do mundo inteiro, mais possibilidades pareciam se abrir – em vez de três variações para cada passe eu podia ver dez. E o gol agora parecia ter uma largura de trinta metros.

E eu acordava com um pulo – completamente desperto e imensamente feliz, pronto para entrar em campo. E pronto para fazer daqueles sonhos realidade.

17 **Antes que eu me desse conta, já estava de novo em campo** – desta vez contra a França, na semifinal da Copa.

Mais uma vez, fiquei bem inativo durante o primeiro tempo, que terminou em 2 a 1 para a gente – uma frágil superioridade. Repetindo o jogo anterior, o Didi praticamente me ignorou durante os primeiros 45 minutos. Mas não me desesperei – agora eu conhecia o padrão de jogo. E, de fato, depois da primeira metade, as coisas começaram a se abrir.

Sete minutos após o começo do segundo tempo uma bola bem ajeitada veio rolando em direção à cara do gol. Claude Abbes, o goleiro francês, não conseguiu segurá-la e quando a bola escapou entre as mãos dele, mandei-a para a rede e marquei meu primeiro gol naquele jogo. Não dava para errar. Foi um dos gols mais fáceis que já fiz.

Brasil 3, França 1.

Dez minutos depois, chegando ao primeiro terço do segundo tempo, o Garrincha quase saiu driblando para fora do campo antes de mandar a bola de volta para mim. Botei a bola no chão, passei pelo primeiro zagueiro, e mandei a bola adiante. A bola quicou um pouco antes de voltar rolando para mim, a uns sete metros do gol. Então mirei e fui para o meu segundo gol.

Brasil 4, França 1.

Mais dez minutos se passam. Faltando agora 15 para o fim do tempo regulamentar, recebo outro passe brilhante de – quem mais? – Garrincha. Ele me passa a bola do canto direito, quase entrando na linha do pênalti. Eu estava a 11 metros e estava bem marcado, mas consegui abrir um espaço e mandar uma bola rasteira para o canto esquerdo da trave, marcando meu terceiro gol – e precisou só de meia partida para fazer a mágica acontecer.

Brasil 5, França 1.

No finalzinho do jogo a multidão estava completamente enlouquecida. Mesmo depois de a França ter marcado um gol de última hora e fechando o placar em 5 a 2 para a gente, o estádio continuou a bater palma, rir e gritar o meu nome. "Pelé! Pelé!" Havia uma atmosfera de alegria e descoberta – como se algo novo e inesperado tivesse surgido no mundo.

A multidão sueca estava tão animada que eu me senti de volta ao Brasil. Eles foram muito, muito generosos, principalmente porque naquele momento uma parte da própria multidão já tinha se dado conta da verdade – que a final provavelmente seria disputada entre os anfitriões suecos e a gente.

18 **Era no mínimo apropriado que antes de a gente conseguir levantar a taça, nós tivéssemos de ser assombrados mais uma vez, da forma definitiva, pelo fantasma de 1950.**

De fato, nosso adversário na final acabou sendo o país anfitrião: a Suécia. E isso nos trouxe um problema inesperado. Tanto o Brasil como a Suécia, até aquele momento do torneio, vinham usando camisas amarelas. Um de nós teria de ceder a cor do uniforme na final. A delegação brasileira achava que os suecos deveriam bancar os anfitriões gentis e deixar o time visitante – nós – usarmos nossas cores de preferência. Mas não foi assim. Os suecos decidiram resolver a questão na moedinha, e ganharam no sorteio.

"Sem problema", os líderes do nosso time pensaram. Afinal, a bandeira brasileira não tinha só amarelo; as outras cores nos davam várias opções: branco, verde ou azul. Então, na reunião com a equipe, os diretores anunciaram que haviam escolhido a cor branca.

Era uma cor neutra e segura, certo?

Errado.

Branco era a cor que a seleção usou naquela final contra o Uruguai no Maracanã em 1950.

De olhos arregalados, os jogadores todos olharam uns para os outros. Aquilo era loucura! O salão ficou bem silencioso. Por fim, os diretores perceberam o erro e o doutor Paulo Machado declarou de supetão que em vez branco nós iríamos usar azul. A nova decisão não trouxe de volta a animação dos jogadores, então o doutor Machado nos disse que azul era também a cor da padroeira do Brasil: Nossa Senhora de Aparecida. Essa revelação recebeu alguns *ohs* a *ahs* do time – e assim a questão foi considerada resolvida.

Hoje em dia as seleções jogam com orçamentos multimilionários, contam com o patrocínio de várias empresas, e dispõem de uniformes e chuteiras para vestir um pequeno exército. Mas em 1958 ainda havia bem pouco dinheiro no futebol profissional. Portanto, a mudança repentina nos uniformes nos trazia outro dilema – não havia camisas suficientes! Claro, havíamos trazido algumas camisas azuis com a gente, mas foram duramente usadas durante os nossos treinos. Estavam todas esgarçadas e desbotadas – não muito dignas da pompa de uma final de Copa do Mundo. Então, dois dos dirigentes, o Adolpho Marques e o dentista Mário Trigo, ficaram com a tarefa de ir ao centro de Estocolmo e procurar em alguma loja de departamento uma batelada de camisetas novas. O Mário Américo – o mesmo terapeuta atencioso que havia cuidado do meu joelho – passou o sábado inteiro na véspera do jogo removendo com todo o cuidado os números e os logos das camisas amarelas para costurá-los nos novos uniformes azuis.

Com essa emergência resolvida, todo o resto parecia moleza.

19 Quando eu acordei na manhã daquela final – 28 de junho de 1958 – você poderia imaginar que eu estaria sentindo uma pressão insuportável. Mas o Didi e os outros veteranos tinham feito um excelente trabalho para manter a todos nós relaxados, e naquele momento sabíamos que o nosso time tinha sido abençoado com uma magnífica combinação de experiência e talento. A abordagem sistemática de nos isolar do mundo lá fora também acabou funcionamento muito bem, no final – tínhamos bem pouca exposição à histeria que tomava conta da imprensa lá no Brasil. De fato, estávamos tão isolados que o Garrincha agia como se estivesse chocado com a notícia de que iríamos para o jogo final. Nos campeonatos estaduais do Rio de Janeiro, onde o Garrincha defendia o time dele, você sempre jogava duas partidas contra o mesmo adversário, como ainda ocorre hoje. Na Copa do Mundo, é claro, você jogava só uma partida final – valendo tudo.

"Sério?" ele exclamou incrédulo. "Mas que campeonato chato".

Tenho certeza de que o Garrincha estava brincando. Mas quando a gente chegou ao estádio de Solna, um subúrbio de Estocolmo, nós ainda estávamos rindo daquilo.

Ok, havia um pouco de nervosismo. Isso ficou claro no número de passes malfeitos e bolas perdidas para o adversário logo depois do apito inicial. A Suécia rapidamente se aproveitou dos nossos erros e marcou primeiro – cravando 1 a zero aos quatro minutos do início da partida. Imagino que isso podia ter abalado a gente – e, na verdade, era a primeira vez em que a seleção ficava para trás naquela Copa. E a torcida local da Suécia foi à loucura, literalmente jogando seus chapéus para o alto.

Mas, como disse, a nossa seleção já tinha conquistado aquela confiança nova e quase sobrenatural – e o trabalho fantástico de liderança que havia trazido a gente até aquele ponto não ia esmorecer agora. Depois daquele primeiro gol da Suécia, foi Didi – quem mais? – que pegou a bola e foi caminhando bem lentamente até o centro do gramado, falando com tranquilidade para todos os jogadores brasileiros que ia encontrando: "Muito bom. Mas agora acabou!", Didi disse com alegria. "Agora é a nossa vez!".

De fato, cinco minutos depois, Garrincha estava solto na ala direita do campo, forçando o goleiro sueco a deixar a posição. Garrincha mandou a bola para Vavá, que marcou o gol do empate. E, aos 30 minutos do primeiro tempo, eu tive a oportunidade de passar a bola para o Garrincha, que mais uma vez encontrou o Vavá. Isso nos deu a liderança de 2 a 1 ainda no primeiro tempo.

Logo depois do começo do segundo tempo, eu marquei um dos gols mais bem conhecidos da minha carreira. Eu gritei para o Nilton Santos fazer um passe longo do meio do campo. Matei a bola no peito e deixei-a ir ao chão enquanto um jogador sueco vinha correndo na minha direção. Com o toquezinho, passei a bola pela cabeça do zagueiro. Era um chapéu no puro estilo de pelada, o tipo de lance que havíamos praticado antes um milhão de vezes lá no "estádio Rubens Arruda", em Bauru. Talvez fosse o tipo de lance que só um moleque de 17 anos tivesse a audácia para tentar numa final de Copa do Mundo. Corri, passando pelo zagueiro, e fiz a bola voar por uns 9 metros, fazendo Brasil 3, Suécia 1.

Depois desse gol, algo estranho aconteceu: nós ganhamos a torcida sueca. Ainda que estivessem claramente desapontados por ver o time deles perdendo, alguns começaram a entoar: "Samba! Samba!" Eles aplaudiam os nossos movimentos, soltavam os *uhs* e *ahs* quando passávamos a bola entre a gente. E comemoraram loucamente quando marcamos o quarto gol. Foi realmente incrível o espírito esportivo e o amor pelo bom futebol que os suecos demonstraram naquele dia. Tenho que reconhecer que, em todos esses anos, nunca vi um público tão cordial e de mente aberta.

À medida que iam passando os minutos finais do jogo e nós mantínhamos uma liderança imbatível, eu começava finalmente a compreender o que estava acontecendo. O Brasil ia ser campeão do mundo! Depois de quase trinta anos de desapontamentos, de quase chegar lá e do trauma de uma nação, nós iríamos finalmente conquistar aquele título tão escorregadio. Ia ser maravilhoso, uma grande honra. Mas o que realmente me fisgou emocionalmente ali, enquanto eu continuava a correr pelo campo para manter a Suécia na defensiva, foi pensar em minha mãe e em meu pai lá em Bauru. Toda a minha família e os amigos estariam lá em casa, rindo e comemorando em volta do rádio, exatamente como tinha sido em 1950. Com a diferença que desta vez eles iam poder comemorar! Em vez de lágrimas haveria risos! E todos eles estariam gritando o meu nome!

Esses pensamentos, que até então eu tinha conseguir reprimir, eram demais para eu conseguir suportar. A cada passo eu me se sentia cada vez mais leve e mais leve. E no último lance do jogo era como se eu tivesse tido um estalo e desaparecido do campo. Uma bola veio girando do outro lado do campo. Eu subi no ar, calculando perfeitamente o meu pulo. Mantive meus olhos abertos, exatamente como meu pai havia me ensinado tantas e tantas vezes lá em Bauru durante aqueles treinos malucos. E quando a bola entrou – num gol digno do Dondinho, de cabeça, a especialidade dele – tudo à minha volta escureceu.

Eu desmaiei. Ali no campo, na frente do gol.

Por misericórdia, o árbitro soou o apito, declarando o fim da partida e o Brasil campeão mundial. A minha cabeceada tinha fechado o placar: Brasil 5, Suécia 2.

Fiquei lá, sem me mexer, por um bom tempo. O Garrincha, aquela alma gentil que ele era, foi o primeiro jogador a vir correndo me socorrer. Ele levantou as minhas pernas, achando que de alguma forma ia mandar o sangue voltar para minha cabeça.

Quando eu recuperei a consciência, havia um total pandemônio. Eu vi meus companheiros rindo e se abraçando e pulando em todas as direções. Centenas de pessoas tinham invadido o campo para comemorar com a gente. Eu consegui ficar de pé, vi o Didi e o Garrincha, e então as lágrimas começaram a rolar pelo meu rosto. Eu sempre fui um bebê chorão – como você certamente já deve ter percebido até aqui –, mas nunca na minha vida as lágrimas vieram tão livres como naquele momento.

Eu estava tomado de pensamentos sobre a minha família e o meu país, e pela pura liberação de poder desabafar e deixar as emoções fluírem. Eu continuei soluçando, completamente desconsolado, nos ombros de meus companheiros enquanto as pessoas continuavam descendo das arquibancadas. Jornalistas, torcedores e policiais estavam todos me abraçando, batendo nas minhas costas e na minha cabeça, sorrindo de orelha a orelha e gritando coisas em línguas que eu não entendia.

Meus joelhos cederam mais uma vez e comecei a escorregar para o chão. Então percebi que estava sendo carregado, como se tivesse sido pego por uma forma invisível. Eram meus companheiros, eles me levantaram e me carregaram no ombro em volta do campo e eu chorava e chorava.

O Gylmar se aproximou, apertou a minha perna e sorriu: "Vai em frente e chora, garoto! Vai ser bom pra você!"

Alguém agarrou uma bandeira da Suécia e nós marchamos em volta do campo homenageando nossos incríveis anfitriões. Quando meus companheiros me colocaram de volta no chão, eu corri pelo gramado gritando e rindo e chorando, gritando para qualquer um que pudesse me ouvir: "Eu tenho que contar para o meu pai! Eu tenho que contar para o meu pai!"

20 Obviamente, não havia Skype em 1958 – nem telefones celulares. Então eu tive de esperar três dias inteiros para telefonar para o meu pai e contar da aventura na Suécia. A euforia da final se mesclou a uma prolongada comemoração que durou dias. Enquanto ainda estávamos em campo, o monarca da Suécia, o rei Gustavo, desceu até lá para apertar as nossas mãos e nos congratular. Ele era muito digno e muito gracioso – como todos os suecos haviam sido. Mesmo os jogadores suecos tinham sido generosos em nos elogiar depois do jogo. O zagueiro que havia sido designado para me marcar, Sigge Parling, disse para os jornalistas: "após o quinto gol, até eu queria celebrar o Pelé".

Naquela noite, tivemos um grande banquete em nosso hotel, onde nos enchemos de comida e alguns tomaram champanhe na taça Jules Rimet, que recebeu o nome do presidente da FIFA e organizador da primeira Copa do Mundo, em 1930. Quando chegou a hora de finalmente voltarmos para casa, nossa primeira parada em solo brasileiro foi o Recife, onde milhares de pessoas tinham ido nos receber algumas semanas antes. Desta vez, é claro, a multidão era ainda maior – apesar da tempestade tropical que caía. Assim que as portas do avião se abriram, a multidão começou a nos saudar. Nós deixamos a aeronave e a multidão nos carregou em seus ombros.

Um pouco mais tarde, quando aterrissamos no Rio de Janeiro, a multidão enlouqueceu de alegria. Nesse momento já estávamos exaustos – nenhum de nós havia dormido desde a véspera da final – mas nada seria capaz de conter a multidão. As ruas estavam tomadas de pessoas. Desfilamos em cima de carros de bombeiros. As pessoas soltavam fogos de artifício e das janelas dos escritórios e dos apartamentos elas jogavam jornal picado e tudo mais o que encontravam pela frente. Então os dirigentes nos levaram para o escritório de uma revista carioca onde, para nossa surpresa, nossas famílias já nos aguardavam.

Dondinho e dona Celeste estavam lá, sorrindo, todo orgulhosos. Os dois estavam tentando manter a compostura e conter a emoção com tanta gente em volta nos assistindo. Eles conseguiram manter a pose? Bem, vamos dizer que meus genes tinham de vir de algum lugar!

"Todo mundo está tão orgulhoso de você, Dico!", minha mãe disse, sem fôlego, com as lágrimas escorrendo pelas bochechas. "Até os seus professores – todos eles vieram me ver para dizer que sempre souberam que você ia ser um sucesso".

Meus professores? Aquilo foi uma das coisas mais absurdas que eu já ouvi! Mas era um grande momento para a minha família – eu vi que agora a minha mãe entendia todas as coisas boas que o futebol podia nos trazer.

Houve uma festa no palácio presidencial, onde o próprio Juscelino bebeu champanhe da taça Jules Rimet. De lá ainda fomos para São Paulo para mais um desfile e mais festa. E depois de uma rápida parada em Santos, eu finalmente pude voltar para Bauru.

Naquele momento eu tinha a esperança de que chegaria em casa e conseguiria descansar. Sem chance! A atmosfera na minha cidade natal estava tão enlouquecida como a de São Paulo ou do Rio de Janeiro, com uma diferença importante – aqui a festa era só para mim. Assim que o avião tocou a pista de pouso de Bauru – aquela mesma que eu tinha espiado tantas vezes no passado e onde eu tinha visto o planador esborrachado no chão – eu pude ver que a cidade inteira tinha deixado suas casas para ir nos ver. Hordas de pessoas se apertavam contra as cercas que circundavam a pista de pouco, acenando e comemorando.

Eu desci do avião, sorri e acenei. Mas era difícil acreditar que eu era a mesma criança que dois anos antes tinha recebido pela primeira vez calças compridas e tinha embarcado num ônibus a caminho de Santos, com os joelhos tremendo de medo. Meu passado e meu presente eram como um sonho – ambos pareciam igualmente irreais. Mas todos os comparsas estavam presentes – meus amigos da rua, meu irmão e minha irmã, meus pais. Até o prefeito havia aparecido para me dar um abraço.

"Bauru estava esperando por você, Pelé", ele discursou.

Eu não conseguia acreditar em meus olhos. O prefeito indicou a caçamba de um caminhão para mais outro desfile, que terminou na praça central da cidade. Recebi troféus, medalhas e presentes, a multidão ria e aplaudia. A minha mãe deveria me entregar uma das medalhas. Mas ela estava tão emocionada que só conseguiu subir ao palco e me dar um beijo carinhoso na bochecha.

Dois dos presentes que ganhei foram particularmente memoráveis. Um era um carro novo – uma Romi Isetta. A "romizeta" era um modelo de apenas três rodas, que parecia um carrinho de brinquedo, mas ter um carro era uma extravagância no Brasil daqueles tempos. O preço cheio de um carro importado dos Estados Unidos chegava a vinte mil dólares; e naquela época o salário mínimo era algo em torno de trinta dólares. Mas havia uma pegadinha: eu era menor de idade, então não podia dirigir o meu próprio carro! E eu também tinha algumas dúvidas sobre a capacidade daquilo conseguir me levar até Santos. Então dei o carro para o Dondinho.

O presente mais divertido de todos foi um aparelho de televisão – uma monstruosidade pintada de verde e amarelo que haviam dado para os jogadores quando ainda estávamos na Suécia. O problema com a TV era parecido com o dilema do meu carro – em Bauru, como em quase todo o Brasil, não havia ainda sinal disponível. E acabou virando um tipo de troféu; um que ainda guardo em minha casa lá em Santos.

Todos esses presentes e toda a comemoração acabaram trazendo mais outro resultado: criaram a ilusão de que eu era rico. Assim que as comemorações acabaram e eu voltei para a minha família e passei alguns dias tranquilos na nossa casa, a campainha nunca mais parou de tocar. Amigos de longa data e outras pessoas apareciam do nada para pedir dinheiro ou favores; para saber se eu tinha recursos para investir na ideia de um negócio; e por aí foi. Na verdade, não havia nenhum dinheiro novo entrando – eu continuava a jogar no Santos pelo mesmo salário de antes.

Ainda assim, ninguém acreditava em mim quando eu dizia que não tinha dinheiro. Afinal de contas, eu estava na capa de jornais e revistas do mundo inteiro. A *Paris Match*, uma das revistas mais famosas do mundo, havia publicado uma matéria de capa sobre mim, declarando que havia um novo rei do futebol. E depois disso as pessoas no Brasil começaram a me chamar de "o rei". E muitos passaram a pensar que eu também estava vivendo como um rei.

Era uma sensação estranha. O mundo havia mudado, mas eu sentia que ainda o mesmo. Eu era só um garoto que gostava de jogar futebol. Eu descobri o meu talento verdadeiro e fui até onde ele tinha me levado. E tive a minha parcela de sucesso. Eu tinha a honra de ter ganho um campeonato pelo meu país. Mas eu não entendia por que parecia que agora todos queriam alguma coisa de mim – não só dinheiro, mas palavras de encorajamento ou um favor para um sobrinho. Algumas pessoas pareciam apenas querer me dar coisas! Era uma loucura. Eu tentava sorrir o máximo que podia e tentava contentar a todos e responder às perguntas que me faziam. Mas naqueles primeiros dias em Bauru eu comecei a perceber que as pessoas estavam sempre me observando, e que a minha vida já não era mais minha. Essa sensação me acompanha até hoje.

21

Depois de tanto tempo, eu ainda consigo sorrir quando penso naquela seleção de 1958. A gente tinha algo realmente especial: uma coleção de talentos individuais fenomenais que jogavam dando tudo de si. Éramos talvez jovens demais e inocentes demais para compreender a grandeza do que estávamos realizando. Aquele primeiro jogo contra a União Soviética sinalizou nos esportes profissionais o começo de uma situação muito espantosa e rara: pelos oito anos seguintes, sempre que Garrincha e eu entramos juntos em campo para defender o Brasil, nosso time não sofreu uma única derrota.

Onze jogadores da seleção de 1958, incluindo Garrincha e eu, foram jogar a Copa seguinte, que aconteceu no Chile, em 1962. Mais uma vez eu me machuquei, já no segundo jogo, e fiquei de fora do resto do torneio. Mas a História ia se repetir de novo e de modo mais positivo: o Brasil ganhou aquela Copa de 1962, o que nos deu o título de bicampeões consecutivos. Essa Copa do Mundo é lembrada pelos brasileiros, apropriadamente, como a Copa do Garrincha.

A vida ia se tornar mais complicada nos anos seguintes – nada nunca mais seria tão simples – ou tão inocente – como em 1958.

Mas sempre haveria uma coisa para dissipar as minhas preocupações.

Alguns dias depois de ter retornado a Bauru depois da Copa na Suécia, acabei passando por um daqueles lugares onde a seleção do Sete de Setembro costumava jogar. Havia um grupo de meninos de oito a dez anos jogando bola, rindo e se divertindo exatamente como meus amigos e eu fazíamos. Eu perguntei a eles se podia jogar também e eles disseram que sim.

Então fui para casa e troquei as calças por um calção. Quando voltei para o campinho, tirei os sapatos e joguei descalço como eles. Nós jogamos por horas, até o sol se pôr e as mães chamarem as crianças de volta pra casa. E ali éramos apenas uns garotos de Bauru.

MÉXICO, 1970

1 **Eu chamei os repórteres para o vestiário e disse que** tinha um anúncio para dar.

"Eu nunca mais vou jogar em outra Copa do Mundo", declarei. "Se futebol significa guerra, então vou pendurar minhas chuteiras na parede e esquecer que um dia eu já fui um jogador."

O dia era 19 de julho de 1966 – oito anos depois de ter vencido a primeira Copa na Suécia. O lugar era Liverpool, na Inglaterra. Eu tinha apenas 25 anos – não era exatamente a idade para se aposentar. Mas eu me sentia com 55 anos idade por causa das dores no corpo e dos machucados e das profundas cicatrizes nas pernas. E de fato eu sentia como tivesse ido para a guerra – e perdido. Embora eu fosse continuar jogando futebol pelo time do Santos, eu anunciei que tinha deixado para sempre a Seleção Brasileira.

"É isso", eu disse, enquanto caiam os queixos dos repórteres e as mãos deles escreviam nervosamente. "Esta é a última vez em que vocês irão me ver vestindo a camisa do Brasil".

Nunca é uma boa ideia tomar uma decisão importante dessas no calor do momento. Na verdade, era algo bem imbecil. Mas eu nunca estive tão furioso, tão desapontado e tão de saco cheio com o futebol como naquele dia.

Se eu pudesse voltar no tempo e conversar com aquele carinha de 25 anos de idade! Eu diria para ele relaxar um pouco e parar de ser tão dramático. Eu diria que as coisas nunca parecem tão ruins como depois de uma grande derrota. E eu diria que alguns contratempos e algumas adversidades podem fazer você perceber o valor da sua vida e tornar as vitórias ainda mais saborosas.

Acima de tudo, eu diria para aquele cara de 25 anos que havia coisas que até mesmo o Pelé, o chamado "Rei" do futebol ainda não tinha aprendido. E uma dessas coisas talvez fosse a mais importante de todas as lições que o futebol pode ensinar.

2 **Antes daquele dia em Liverpool, por vários meses eu** tive um sonho recorrente – um sonho fantástico e muito reconfortante. No sonho eu estava no campo do estádio de Wembley, um grande templo do futebol na Inglaterra – um dos poucos grandes estádios em que eu ainda não havia jogado. Toda a Seleção Brasileira estava lá comigo: cansados, suados, mas felizes. Nós íamos receber a Taça Jules Rimet das mãos da Rainha Elizabeth II em comemoração por vencer mais um Copa do Mundo – a nossa terceira, um feito sem precedentes.

E quando a rainha estava para nos entregar o Jules Rimet eu acordava num estalo. Aí eu ficava mais um tempo deitado, feliz, com a certeza de que o sonho ia se tornar realidade. E então pulava da cama e ia treinar por horas e horas, para garantir a realização do sonho.

Infelizmente, eu não era o único a manter aquelas ilusões. Por todo o Brasil, muitos já tratavam a Copa do Mundo de 1966 como um passeio e não como o tipo de prêmio pelo qual você dá duro para vencer. Depois dos nossos títulos consecutivos de 1958 e 1962, muitos dos técnicos e dos jogadores brasileiros pareciam achar que a gente ia simplesmente voar para a Inglaterra, tomar chá, bater uma bolinha e pegar o troféu – simples assim. Os jornais traziam todo tipo de história sobre o nosso triunfo iminente e sobre como a nossa habilidade demonstrava que os brasileiros eram superiores em tudo. Se você acha que essa atitude soa como aquela resultou nos problemas no Maracanã em 1950, você está certíssimo. Acho que ter vencido dois campeonatos nos levou de volta aos velhos vícios brasileiros.

Algumas das coincidências eram mesmo assombrosas. A insegurança que os nossos políticos sentiam estava ajudando a botar novamente em funcionamento a máquina do sensacionalismo e da euforia. Todo o otimismo do final dos anos 1950, dos anos do presidente JK e do nosso grande triunfo na Suécia estavam subitamente de volta. Era o último ciclo de esperança antes do grande desapontamento; infelizmente, era assim que desde sempre que podíamos definir a política brasileira.

O plano de "50 anos de progresso em 5" do Juscelino tivera sucesso na criação de estradas e na instalação de novas fábricas, conforme o prometido. Nossa gloriosa capital, Brasília, foi inaugurada conforme o planejado, em 1960. Mas não existem milagres, e a febre de criar e construir parece ter criando muitos novos problemas para o Brasil enquanto resolvia outros. O governo havia mandado imprimir mais dinheiro para o pagamento de todos esses projetos e os brasileiros começaram a brincar dizendo que agora nós tínhamos "50 anos de inflação em 5". Toda vez que a gente ia ao supermercado ou saía para comer, a conta sempre vinha mais alta. No ano de 1964 os preços simplesmente dobraram de tamanho e a população ficou revoltada.

Enquanto isso, havia outra questão para complicar a situação – estávamos nos anos 1960. Praticamente em todos os lugares do mundo foi um momento de protestos, greves, revoluções e amor livre. No Brasil tivemos um pouco de tudo isso – não só o amor livre. Os brasileiros mais pobres estavam deixando o campo e as cidades menores, como Três Corações, para ocupar as cidades grandes na esperança de conseguirem uma vida melhor para si mesmos e para seus filhos, mas geralmente acabavam nas favelas do morro ou em assentamentos precários às margens dos rios de cidades como o Rio de Janeiro e São Paulo. E os jovens exigiam mais liberdade e uma fatia maior do bolo.

Lidar com todas essas exigências seria difícil para qualquer político. Mas os sucessores de Juscelino pareciam não ter o estofo necessário para encarar o desafio. Um deles renunciou, tomou um pileque e embarcou para a Europa depois de apenas 8 meses de governo. O que ficou para trás, o vice-presidente, João "Jango" Goulart, parecia ser um sujeito muito simpático quando o conheci em Brasília na comemoração da Copa de 1962. Mas acabou indicando ao governo alguns líderes comunistas e começou a falar de reforma agrária e de redistribuir terras para os pobres que sobravam nas cidades brasileiras. Isso desagradou a nossa elite. Em 1964, os militares prepararam um golpe e o Brasil voltou a ser novamente uma ditadura conservadora.

Como já disse, o futebol nunca está imune a essas coisas – principalmente no Brasil. Assim que começamos a nos preparar para a Copa de 1966, nós nos vimos sob uma tremenda pressão da nova junta militar que queria desesperadamente a ajuda da seleção para esconder as turbulentas rachaduras que se alastravam pela sociedade brasileira. Os militares compreendiam, até bem demais, que nada unia as pessoas como o futebol. Eles acreditavam que uma terceira vitória consecutiva seria a chave para reverter o Brasil à "normalidade" de antes – e talvez voltar o relógio até aquela época mais simples e menos exigente dos anos 1950.

Parece que estou exagerando um pouco? Parece que estou botando a culpa de tudo nos nossos políticos? Ok, sejamos justos – afinal, são os jogadores em campo que acabam vencendo ou perdendo o jogo. Mas pense também que algumas decisões tomadas pelos dirigentes naquele ano foram tão bizarras que só podiam ser explicadas pelas loucuras políticas de meados dos anos 1960. Por exemplo, em vez de convocarem 22 ou 28 jogadores para a montagem da seleção, naquele ano os dirigentes chamaram 44 jogadores! Foi espantoso. Mas qual o sentido de fazer uma coisa dessas? Bom, eles nos dividiram em quatro times de 11 jogadores. E depois mandaram cada time para cidades grandes e pequenas de todo o Brasil para que a seleção "treinasse" – fomos para metrópoles como São Paulo e Belo Horizonte e para cidades menores como Três Rios, Caxambu e Teresópolis. Treinar em separado e circular pelas cidades a cada intervalo não fez absolutamente nada para nos preparar para a Copa do Mundo. Mas esse não era o objetivo. Estávamos lá primeiramente para entreter e unir a população, pagar favores aos políticos locais e fazer o povo se esquecer dos problemas do país. Éramos então o clássico "pão e circo".

Acompanhando aquele carnaval, os dirigentes da seleção – novamente, mais preocupados com projetar uma imagem feliz para o mundo do que nos preparando de fato para jogar – agendaram uma série exaustiva de amistosos de aquecimento com a Espanha, a Escócia, a Suécia e outros. Jogaríamos nos mais diversos climas e enfrentando muitos dias de viagem entre as partidas. E quando foi o momento de partir para a Europa nós não tínhamos ainda um time – o que havia era uma coleção enorme e desconjuntada de indivíduos. Claro, alguns dos nomes eram os mesmos: Garrincha ainda estava lá, assim como o Gylmar e o Djalma Santos. Mas haviam se passado oito anos desde a Suécia, o que no esporte é uma eternidade. Todo mundo estava mais velho e muitos já não conseguiam mais oferecer o máximo de rendimento.

E quando os jogadores estavam finalmente reunidos, os técnicos não conseguiam definir a linha de titulares. Aquele grupo só tinha jogado junto uma vez e de um jogo para o outro os técnicos chegavam a trocar 5, 6 ou 7 titulares – um pecado imperdoável, especialmente diante de uma Copa do Mundo. Acho que o primeiro sinal de pânico apareceu no jogo contra a Escócia, quando só conseguimos um empate de 1 a 1. Jogando daquela maneira, podíamos dar adeus aos nossos sonhos com o estádio de Wembley ou com a rainha. Depois do jogo houve uma troca de acusações sobre de quem era a culpa e, claro, muita raiva. Os veteranos da seleção – Nilson Santos, Zito e Bellini, que era o capitão – foram até os dirigentes e disseram que precisávamos reunir todo mundo numa sala e conversar.

Os dirigentes concordaram. Mas quando a reunião finalmente aconteceu, foi uma conversa de um lado só. No clima político e social daqueles tempos, no Brasil e em muitos outros países, todo mundo em um cargo de autoridade agia como se só a voz dele importasse. A palavra dos chefes e dos diretores simplesmente não podia ser questionada. Então, ainda que fosse uma reunião da equipe, naquele dia só os nossos chefes falaram. Eles nos disseram, sem esconder a irritação, que as coisas iam dar certo: tudo o que a gente tinha que fazer era vencer mais alguns jogos na Inglaterra e então seríamos coroados mais uma vez campeões do mundo, então será que a gente podia parar de reclamar?

Eu me lembro de sair daquela reunião e olhar para o Garrincha. Ele balançou a cabeça, desanimado. Eu só dei de ombros. Nenhum de nós disse uma palavra. E isso era um sinal do que viria – e das lições que eu ainda tinha a aprender. Mas a gente ainda não sabia disso, então apenas fizemos nossas malas. E como ovelhas a caminho do abatedouro, fomos para a Inglaterra.

3 **Desde os momentos iniciais da nossa primeira partida,** a gente percebeu que teria de lidar não apenas com os nossos problemas internos.

Nas duas Copas anteriores, o Brasil tinha assombrado o mundo com o nosso estilo aberto e colorido de jogar, indo a toda hora para o ataque. Agora, na Inglaterra, ficamos sabendo que os árbitros tentariam equilibrar o jogo. Eles seriam mais tolerantes em relação ao corpo a corpo e marcariam menos faltas. Essa mudança favorecia os times europeus, que costumavam contar com jogadores maiores e mais fortes que os sul-americanos, e que haviam investido os últimos oito anos em formas de neutralizar o nosso ataque. Antes que isso aqui comece a parecer teoria da conspiração ou intriga de quem não soube perder, devo dizer que não sou o único a pensar que as seleções da América do Sul saíram em desvantagem em 1966. O número um da seleção argentina naquele ano, Antonio Rattin, declarou décadas depois que "foi a Copa do Mundo mais violenta de todos os tempos".

Em 2009 o jornalista inglês Brian Viner escreveu no *The Independent* de Londres: "vários jogadores (brasileiros), mas em particular o Pelé, sofreram alguns das marcações mais maliciosas e violentas já vistas."

Agora, eu nunca fugi de jogos mais físicos. A gente costumava acabar com a raça de qualquer um quando jogava nas ruas de Bauru. Quando a minha carreira profissional começou eu costumava ser o artilheiro em campo – e, sejamos honestos, todo mundo queria poder ser capaz de dizer que conseguiu marcar o Pelé. Eu era o alvo dos zagueiros e geralmente um ou às vezes dois e até mesmo três eram deslocados para ficarem na minha sombra o jogo inteiro. Há imagens gravadas de mim sendo agarrado pelo pescoço, jogado no chão, sendo golpeado e levando trava de chuteira no joelho a toda velocidade. Nossa Senhora, havia jogos pelo Santos que, pelos padrões de hoje, o adversário sobraria com apenas cinco ou seis jogadores em campo – o resto levaria cartão vermelho!

Muito bem – era dessa forma que o futebol era jogado naquele tempo. Era um jogo diferente, mais físico, em parte porque ainda não havia TV. Hoje temos câmeras de alta definição cobrindo cada canto do gramado. Se os juízes deixarem de marcar uma falta, tanto eles como os jogadores envolvidos sabem que ouvirão muita reclamação depois. Haverá punições ou suspensões e talvez ainda fiquem com a reputação arranhada. Mas naquela época, porém, apenas Deus e nós enxergávamos os pecados cometidos dentro do campo. Alguns zagueiros tinham muito o que confessar com os padres.

Raramente eu levava para o pessoal. Afinal de contas, a defesa geralmente estava seguindo as ordens do técnico e tentando ganhar o sustento das famílias. O Dondinho sempre me disse para respeitar os adversários. Isso certamente não me impedia de dar uma cotovelada de vez em quando para me defender. Mas eu reclamava o mínimo possível e quase sempre jogava limpo – em 20 anos como jogador profissional, nunca fui expulso de um jogo por falta violenta ou ausência de *fair-play*. Mas tudo no esporte é questão de grau – nem o mais resistente dos jogadores consegue sobreviver sem alguma proteção dos juízes, principalmente se ele ou ela estão na posição de atacante. E, em 1966, era como se os árbitros tivessem engolido os apitos.

Naquele primeiro jogo, contra a Bulgária, parecia que a gente estava num beco escuro de Bauru, jogando com porretes e canivetes sem nenhum juiz ou bandeirinha (ou mesmo alguma mãe encarregada de ficar de olho na criançada) à vista. A Bulgária veio preparada para a violência. O zagueiro com a missão de me marcar passou o jogo inteiro chutando com força meus pés e meus tornozelos e me empurrando – e na frente do juiz.

"Ei! Seu idiota!", eu gritava para o zagueiro. "Isso é ridículo!" Mas ele, é claro, não entendia uma palavra de português e eu, infelizmente, não tinha estudado palavrões em búlgaro. Então ele apenas fazia uma cara feia e o juiz ou o bandeirinha pareciam estar sempre olhando em outra direção.

No fim, algumas das faltas eram tão escancaradas que o juiz não tinha alternativa senão marcá-las. Eu fiz um gol numa cobrança sem barreira no primeiro tempo e o Garrincha também marcou outro no segundo. Depois de uma sofrida batalha, deixávamos o campo com um 2 a zero.

Mas não teve sabor de vitória. No dia seguinte a manchete dos jornais brasileiros não trazia o resultado do jogo, mas "Um acuado Pelé deixa o campo mancando". Todos os adversários agora sabiam que podiam se safar. Um padrão estava definido. E, infelizmente, esse foi o último jogo em que o Garrincha e eu jogaríamos juntos.

4 **Eu tinha sido massacrado, estava todo dolorido depois** do jogo contra a Bulgária. Meu joelho direito estava me matando. Mas ainda estava me preparando com toda a dedicação para o próximo jogo, estava determinado a não perder nenhuma partida, como em 1958 e 1962. E por isso fiquei tão chocado quando o dirigente da seleção me informou que eu ia ficar no banco no jogo contra a Hungria.

"Queremos que você descanse, Pelé", ele me disse. "É melhor você ficar no banco agora, ficar protegido do jogo sujo e poder jogar completamente recuperado num jogo mais decisivo".

Um jogo mais decisivo? Que tal os Magiares Maravilhosos, a seleção que havia eliminado o Brasil em 1954 e que chegou às quartas de final lá e em 1962? Se não vencêssemos aquele jogo não haveria mais jogos para decidir.

Eu estava revoltado. Mas, novamente, os pronunciamentos da diretoria eram tratados como a palavra definitiva. E eu não queria criar a impressão de que era diferente dos outros. Não queria parecer uma prima-dona. Então segurei a língua.

A Hungria nos destruiu por 3 a 1. O resultado chocou o mundo – era o primeiro jogo da Copa em que o Brasil perdia desde 1954, na Suíça, também contra os húngaros. Eu assisti à derrota do banco dos reservas, devastado e sem poder fazer nada.

Nossa derrota deixou os dirigentes brasileiros num frenesi. Mais uma vez, como em 1950, toda a nossa arrogância tinha subido para cabeça e se transformado num pânico devastador. Para ter chance de continuar no campeonato a gente precisava derrotar o último adversário da chave, Portugal, por uma margem de muitos gols. Os dirigentes me colocaram de volta em campo, mas Garrincha, Gylmar e Djalma Santos foram mandados para o banco. Orlando, que havia jogado no time de 1958, mas que não jogara mais nenhuma Copa desde então, agora estava dentro. Ao todo tivemos sete mudanças em relação ao jogo anterior. Era loucura, mas, novamente – está percebendo o padrão? – todos nós ficamos quietos.

Assim que o jogo contra Portugal começou eu fui jogado para escanteio pelos zagueiros, que abertamente miravam o meu joelho machucado. Em um lance, um zagueiro me atropelou. Enquanto eu ainda cambaleava, ele veio novamente e me acertou mais uma vez, primeiro com os pés. Todo mundo no estádio pediu falta. O doutor Gosling e o Mário Américo, a mesma dupla que havia curado o meu joelho com toalhas quentes na Suécia em 1958 entraram correndo no campo. Mas desta vez não haveria mais milagres. Eu havia rompido um ligamento no joelho.

O Mário Américo e o doutor Gosling me carregaram para fora do campo, com meus braços apoiados nos ombros deles e a perna suspensa no ar. Eu não conseguia colocar peso algum na perna direita. Mas as regras de então da Copa do Mundo proibiam qualquer substituição ou troca, mesmo se o jogador se machucasse. Eu não queria deixar o Brasil com um homem a menos numa partida tão decisiva. Então, minutos depois, voltei para o campo. Fiquei mancando, totalmente imprestável, praticamente pulando numa perna pelo resto do jogo.

O Brasil perdeu – mais uma vez de 3 a 1, e estávamos fora da Copa do Mundo.

No final não seríamos nós a receber a taça das mãos da Rainha Elizabeth – mas os próprios ingleses, liderados pelo heroísmo de Bobby Moore e do técnico, *sir* Alf Ramsey. Eu achei bem merecido o triunfo da Inglaterra, que afinal era também o berço do futebol moderno. Infelizmente, eu nunca teria a minha a chance de jogar em Wembley, nem mesmo em um amistoso. Essa ausência é um dos poucos remorsos da minha carreira.

À medida que eu pulava num pé só no jogo contra Portugal, abatido e mancando como um animal ferido, eu ia ficando cada vez mais nervoso. Eu estava muito bravo com a arrogância dos nossos treinadores e dirigentes. Estava revoltado com o modo como a política brasileira tinha se intrometido em nossos preparativos. Estava furioso com o fato de os juízes e bandeirinhas não nos protegerem. Acima de tudo, estava desapontado comigo mesmo. Eu sempre estive 100% em praticamente todos os jogos que joguei pelo Santos, mas acabei gravemente machucado em todas as três Copas em que participei. Não podia ser coincidência, pensei. E depois daquele jogo eu chamei os repórteres e anunciei a minha decisão de nunca mais participar de outra Copa do Mundo.

Na viagem de volta de Londres para o Brasil o nosso voo atrasou por várias horas. Como tudo o mais que acontecera naquela Copa de 1966, a diretoria não deu nenhuma explicação sobre o que estava acontecendo – eles esperavam que a gente ficasse ali sentado, obediente, sem questionar. Chegamos ao Rio de Janeiro bem depois da meia-noite. Os jogadores de São Paulo foram levados correndo para outro avião. Só mais tarde ficamos sabendo da razão dos atrasos: os dirigentes tinham medo que a multidão iria nos linchar quando voltássemos ao

Brasil. O medo era infundado – quase ninguém apareceu. Mas aquele episódio só reforçou a minha decisão. A Copa do Mundo era algo que eu poderia passar sem ela.

5

"**Graças a Deus você está bem, Dico!**" **minha mãe** exclamou, quase chorando, quando eu voltei para casa em Santos. "Meus joelhos doíam de tanto que eu rezei por você".

Em 1966 a Copa estava na televisão em algumas partes do mundo – mas a família Nascimento não queria saber. De jeito nenhum. Eu jogava futebol profissionalmente havia uma década e dona Celeste nunca tinha ido a nenhum dos meus jogos, muito menos assistido pela TV. Na maioria das vezes meu pai também não conseguia ver os jogos – acho que por diferentes razões, mas era emoção demais para eles. Em quase todos os dias de jogo, com a dedicação do beato mais devoto, minha mãe ia para a igreja e durante o todo o tempo da partida rezava para que eu não me machucasse como o Dondinho tinha se machucado. Acho que, nesses anos todos, ela machucou mais os joelhos do que eu!

Meu pai e minha mãe não eram os únicos que sofriam. Na verdade, todo mundo lá em casa apoiou minha decisão de se aposentar do futebol internacional, inclusive o novo membro da família: Rosemeri Cholbi, minha noiva.

Eu havia conhecido Rose muitos anos antes – logo depois da Copa de 1958. O Santos ia jogar com o Corinthians, um de nossos grandes rivais. E já naquela época havia o costume brasileiro de "concentrar" os jogadores. O objetivo da concentração sempre foi isolar os atletas de qualquer tipo de distração, como... bem, como qualquer membro do sexo oposto. Mas era mais fácil tentar que conseguir, principalmente quando se trata de jogadores de futebol, e eu e mais alguns havíamos conseguido escapar da concentração naquela noite. Entramos de fininho no ginásio do Santos para ver uma partida de basquete feminino com times locais.

Algumas jogadoras vieram conversar e eu me surpreendi quando uma delas apareceu bem na minha frente.

"Oi", ela disse. "Você é o Pelé, certo?"

"Isso mesmo", eu disse, encantado por ela ter me reconhecido.

"Não bata muito no Corinthians amanhã."

E com um breve sorriso ela se afastou e voltou para o canto do time dela.

Foi a mais curta das conversas, mas eu estava imediatamente fisgado. Ela tinha um cabelo maravilhoso, castanho e comprido e – o mais cativante de tudo – ela parecia exalar um autocontrole, exibia uma confiança que eu nunca tinha visto ali em Santos antes. Na tarde seguinte, quando o nosso jogo começou eu me peguei olhando para as arquibancadas à procura daquela garota em vez de prestar atenção na partida. Eu não me lembro se a gente venceu ou não, mas aquele dia terminou em desapontamento – a Rose não estava lá.

Dias depois, eu estava andando por uma rua em Santos e acabei encontrando o mesmo grupo de jogadoras de basquete. Meu coração deu um pulo. A Rose não estava com elas, mas as garotas – rindo muito – disseram qual era o nome dela, a loja de discos onde trabalhava e a idade: 14 anos. Era bem jovem, mas eu tinha 17, então estava tudo certo. Depois de vestir a minha única camisa passada e um belo par de calças compridas, corri para a loja de discos com todo o ar de casualidade que um adolescente consegue aparentar.

"Olá novamente", eu disse.

"Oi."

"Lembra de mim?"

Ela acenou, sorrindo, parecia um pouquinho mais tímida do que da primeira vez.

"Conte pra mim", eu disse "por que você queria que o Corinthians ganhasse se você é de Santos?"

"Porque eu torço pro Corinthians", ela respondeu. "Mas na verdade não gosto de futebol."

Eu não gosto de futebol. Você pode pensar que essas palavras teriam feito justamente alguém como eu sair correndo da loja na hora! Mas aconteceu exatamente o contrário. Eu estava ainda mais fisgado. Naquele momento, diante do rumor causado pelas minhas aventuras na Suécia, Rose parecia ser a única pessoa do planeta que não estava impressionada com o que eu tinha feito em campo. Ela estava claramente interessada no Edson, não no Pelé.

Passaram-se os anos e acabei me apaixonado pela Rose. Não importava a quantos quilômetros eu estivesse dela, não importava se a gente tinha vencido ou perdido, eu voltaria para Santos e ela estaria lá, na casa dos pais – como uma rocha, um porto seguro. O nosso namoro e noivado foi algo bem tradicional e às claras. Rose insistiu para que eu conhecesse os pais dela na primeira oportunidade e eles expressaram a vontade de que mantivéssemos tudo o mais privado possível. Isso era difícil – Santos era uma cidade pequena e eu era quem era. Mas a Rose nunca compareceu aos meus jogos, o que não era um grande sacrifício para ela. Quando saíamos para ver um filme, a tia dela ia com a gente. As duas entravam primeiro no cinema. E quando as luzes se apagavam eu silenciosamente entrava na sala de cinema e me sentava ao lado dela. Nossos estratagemas funcionaram – ninguém nunca reparou que o Pelé estava sempre com a Rose no cinema.

Por muito tempo a Rose se recusou a se casar comigo – ela dizia que era jovem demais. Mas, alguns meses antes da Copa de 1966, ela finalmente cedeu. Naquela altura o nosso relacionamento já tinha durava mais de sete anos. Eu já era bicampeão internacional com a seleção, o Santos já vencera vários títulos e eu havia começado a ganhar algum dinheiro... e ela não se importava com nada disso. Ela continuava a não gostar de futebol e também continuava não querendo atrair atenção pública. O nosso noivado acabou sendo divulgado, é claro, e houve todo tipo de fofoca sobre onde o "Rei do Futebol" iria se casar. Algumas pessoas sugeriram até o estádio do Maracanã. Havia a história de que o Papa iria celebrar a cerimônia. Mas, fiel aos desejos de Rose, contraímos nossas núpcias na casa que eu havia comprado para os meus pais em Santos. A cerimônia foi simples, presidida por um padre local, com a presença de nossas famílias e alguns amigos.

Mesmo quando a gente tentava manter as coisas simples, nunca dava certo. Havia hordas de jornalistas e fotógrafos do lado de fora, tirando várias fotografias. Mesmo assim, fui até lá fora, sorri e acenei. Aquilo, eu sempre disse a Rose, era a nossa vida. E tinha nos trazido mais coisas boas que qualquer outra coisa.

6
Uma das primeiras ofertas que recebi foi da Tetra Pak, a empresa sueca de embalagens. Nos anos que se seguiram à Copa do Mundo de 1958, sempre houve um lugar para a Suécia no meu coração – eu me sentia bem recebido em todas as cidades suecas quando jogava amistosos com o Santos ou pela seleção. Mas fiquei bem surpreso quando, por volta de 1961, os dirigentes do Santos me chamaram e disseram que a Tetra Pak queria que eu fizesse o endosso dos produtos deles.

Eu telefonei imediatamente para o Dondinho.

"O que você acha, pai?" "Eu não entendi", ele disse e parecia preocupado. "Você já recebe um salário."

"Sim, mas este seria um adicional", expliquei.

"O que eles querem mesmo que você faça?"

"Vão me pagar para eu dizer que gosto do produto deles."

Isso foi demais para a cabeça do Dondinho. "Não sei", ele disse. "Você é atleta, não um ator. E eles vão mesmo te pagar pra isso?"

Também não fazia muito sentido para mim. Pelo menos não no começo. Os atletas americanos davam apoio a produtos e apareciam em comerciais desde os tempos do grande astro do *baseball*, Babe Ruth, mas no Brasil – e no resto do mundo, o conceito de "endosso" ainda era novidade. A aura criada pelo nosso primeiro título da Copa era o que tornava uma coisa daquelas possível. Eu imaginava que as pessoas queriam partilhar da sensação de serem campeãs e que comprando produtos que eu endossava poderiam sentir um pouco disso. Eu vi minha mãe sorrindo para mim, e ter a benção dela era igualmente importante na minha decisão.

Mas eu ainda tinha minhas dúvidas. Eu me preocupava com a possibilidade de dizer que gostava de um produto e que se esse produto não fosse bom as pessoas iam ficar muito chateadas comigo. Isso aconteceu algumas vezes logo no começo – as pessoas se aproximavam de mim nas ruas de Santos e reclamavam de algum produto que não funcionava direito. Eu pedia mil desculpas, repassava a reclamação para a empresa e tentava acompanhar a solução.

Apesar das minhas desconfianças, nós aceitamos a oferta da Tetra Pak. Aquilo iria se tornar um dos melhores e mais duradouros relacionamentos comerciais que eu já tive. E abriu as comportas: quase da noite para o dia eu passei a receber tantas ofertas de empresas brasileiras e internacionais que não sabia o que fazer com elas. Acabei contratando pessoas para lidarem com as ofertas de negócios e de endosso. Uma dessas pessoas foi o meu irmão Zoca, que tinha jogado por um tempo no time reserva do Santos até decidir que futebol não era mesmo a praia dele. Ele sempre tinha sido melhor que eu na escola e foi fazer direito, e se tornou um dos meus conselheiros de confiança.

Ao longo dos anos, o meu nome e o meu rosto iriam aparecer em farmácias, postos de gasolina, comerciais de refrigerantes e de apartamentos em prédios residenciais. Eu acabei endossando barras de doce, roupas e até, acredite se quiser, gado. Uma das promoções mais pesadas que já fiz foi para a associação de cafeicultores de Santos. O Brasil era (e ainda é) o maior produtor de café do mundo, mas até então nunca tinha sido visto no mercado exterior como exportador de produtos de alta-qualidade. Nos anos 1960 os nossos vizinhos vinham produzindo campanhas mais agressivas de seus cafés – e o Brasil se sentiu pressionado a responder à altura. Então, quando o Santos ia jogar na Europa ou nos Estados Unidos, eu entrava correndo no campo carregando nas costas uma imensa saca de café brasileiro. O peso padrão de uma saca de café era 60kg. Naquela época eu devia pesar por volta de 63kg! Mas, ora bolas – tudo pelo país, eu pensava. A Colômbia tinha Juan Valdéz e o Brasil tinha o Pelé.

Havia um motivo para termos tantas oportunidades: as empresas estavam começando a olhar para o mundo dos negócios de um modo diferente de como haviam feito até então. Veja o exemplo da Tetra Pak: era uma empresa sueca que esperava lucrar vendendo para o Brasil e para outros "mercados emergentes". Poucos anos antes isso teria sido algo impensável, mas, com a melhoria nos sistemas de comunicação e o desaparecimento de todos os tipos de barreiras, estavam fazendo dos negócios algo realmente global. Nos anos 1960, nós fizemos até propagandas de refrigerante para a Checoslováquia – um país que por estar atrás da "Cortina de Ferro", em tese estaria a salvo do "malvado" capitalismo. Pelo fato de meu rosto e meu nome serem tão reconhecíveis, e por eu ter aparecido quando esse tipo de fenômeno começava a tomar forma, eu era muitas vezes usado pelos empresários e homens de negócio como a primeira investida num esforço comercial para abrir novos mercados. Algumas pessoas disseram que, em muitos aspectos, eu fui o primeiro ícone globalizado. Isso me parece um pouco de exagero – prefiro pensar que fui beneficiado pelo surgimento de várias tendências globais e pela coincidência entre elas. Se eu tivesse nascido vinte ou mesmo dez anos antes, eu continuaria sendo um bom jogador de futebol e garoto propaganda, mas a história teria sido bem diferente. Acho que eu realmente estava no lugar certo no tempo certo.

É muito engraçado olhar para aqueles comerciais antigos. A gente havia criado o "Café Pelé", que ainda existe e é bem popular até hoje em vários países. Num comercial feito para TV aparece uma mulher elegante a bordo de um avião a jato – acredite se quiser, era o máximo do *glamour* ao fim dos anos 1960 – e ela pergunta à comissária de bordo: "que café é esse?"

"É o café Pelé", a comissária de bordo responde.

"Tá uma delícia!"

Então a câmera corta para um zoom vertiginoso no próprio Pelé. Estou olhando por cima do ombro, abro o meu sorriso mais elegante enquanto seguro uma xícara fumegante de café. "Já viu, né?", eu digo, quase rosnando.

Sim, é impossível não rir desses comerciais antigos! Mas eles mostram que estamos fazendo isso há muito tempo e mostra como o mundo mudou. Esse tipo de comercial não fazia muito sentido nos anos 1960 e certamente continuam não fazendo sentido em 2014. Mas em algum momento aquilo funcionou. Hoje vivemos em tempos menos ingênuos, mais cínicos, e muitos comerciais apelam ao humor e à ironia para promover suas marcas. Para ser franco, isso sempre foi um desafio para mim. Digam o que disserem, mas sempre fui uma cara sincero.

Também houve muitas propostas para as quais eu disse não. Por muito tempo, as empresas brasileiras queriam que eu fizesse o endosso até de uma pinga do Pelé. E também queriam que eu fizesse propaganda de cigarro. Eu recusei todas essas propostas, principalmente porque sendo um atleta eu não consumia álcool nem tabaco. Eu acreditava que devia proteger os talentos que Deus havia me dado.

Sempre me cerquei das pessoas maravilhosas que encontrei na carreira de garoto-propaganda e sempre fui grato às empresas que acreditaram em mim. Eu tinha noção de que cada negócio me colocava sob o escrutínio da opinião pública – o que, por sua vez, diminuía a privacidade da minha família. Os negócios e os patrocínios também significavam menos tempo para me concentrar na minha verdadeira paixão, o futebol. Mas era difícil recusar algumas das propostas, principalmente para alguém que vinha do mundo de onde vim. A história da família mostrava que a carreira de um jogador de futebol podia ser encerrada com um "simples" ligamento de joelho rompido; era importante ganhar dinheiro enquanto eu podia, e poder, por exemplo, comprar uma casa boa em Santos para os meus pais – o que seria impossível sem o dinheiro dos patrocínios. Mesmo ao final dos anos 1960, eu não estava entre os jogadores mais bem pagos do time do Santos.

Além disso, eu pensava naquela época, tudo o que eu tinha de fazer era passar a administração dos meus negócios para os meus amigos e associados, e eles tomariam conta da parte de ser o Pelé fora do campo. Dessa forma eu poderia me concentrar primeiramente no futebol, sem precisar mais me preocupar com dinheiro.

Essa foi outra dolorosa lição que eu teria de aprender do modo mais difícil.

7

Aos poucos as feridas e os traumas de 1966 iam se curando. Dois anos depois do jogo em Liverpool, pude finalmente de deixar de lado uma das minhas maiores frustrações, quando tive a grande honra de conhecer a Rainha Elizabeth. Sempre admirei seu encanto discreto e a dignidade com que se conduzia, com um sorriso caloroso. A rainha fazia uma viagem pela América do Sul e pelo mundo e havia expressado graciosamente o desejo de se encontrar comigo após um jogo no Maracanã que reuniria craques de São Paulo e do Rio de Janeiro.

Antes do nosso encontro eu recebi a visita de dois funcionários do Itamaraty altamente envolvidos com as filigranas dos protocolos oficiais do Ministério daS Relações Exteriores. Aparentemente, a grande preocupação deles era de que o famoso jogador de futebol, diante da alta realeza, poderia ter um acesso de brasilidade e cometer alguma gafe terrível bem ao estilo dos brasileiros. Recebi instruções de como deveria me curvar, de como deveria ouvir com atenção, de como não deveria interromper, de como deferia ficar ereto, como deveria mostrar respeito e admiração... basicamente era para jogar fora qualquer resquício de humanidade durante o nosso encontro.

Enquanto eu seguia em direção ao campo para o começo da partida uma grande fanfarra entrou no Maracanã e tocou "Deus salve a rainha". Eu comecei a me perguntar se toda aquela formalidade talvez não fosse só coisa da cabeça dos funcionários do Itamaraty. Mas quando o jogo terminou eu fui levado a uma área reservada para receber a rainha e todas as minhas preocupações se dissiparam. A Rainha Elizabeth adentrou o salão com um imenso sorriso e um ar bem informal. "Mr. Pelé", ela disse. "É uma prazer conhecê-lo!".

Meu inglês ainda era bem capenga naquela época, mas eu havia praticado algumas frases essenciais. "Thank you very much, Your Majesty", eu respondi, tentando agradecer "vossa majestade".

Todo mundo riu do meu esforço e pareceram satisfeitos – até os funcionários do Itamaraty. E daquele ponto em diante contamos com a ajuda dos intérpretes e a nossa conversa seguiu descontraída e bem agradável. Eu disse como tinha adorado a minha estadia na Inglaterra e ela disse que o marido dela, o príncipe Philip, era um grande admirador meu. Na verdade, a própria rainha era mais fã de futebol do que eu podia imaginar – ela disse que lamentava pelo Brasil não ter ido melhor na Copa de 1966, embora tenha ficado com muito orgulho da seleção inglesa, é claro. Quando a nossa conversa chegou ao fim eu estava completamente encantado, e sentia que era como se eu a conhecesse de longa data.

Acho que essa foi a última vez que permiti que qualquer pessoa me desse instruções sobre como falar com alguém. Era uma lição muito valiosa: as pessoas são iguais em qualquer lugar e precisamos evitar criar barreiras onde não existe nenhuma.

E, na verdade, a única possível quebra de protocolo naquele dia no Rio de Janeiro aconteceu quando um membro da delegação britânica, talvez um diplomata, chegou ao meu lado e perguntou bem baixinho, meio de canto de boca, num português macarrônico:

"Então, Pelé... É mesmo verdade que você não vai jogar em 1970?"

8

No mundo lá fora, longe do reino encantado dos chefes de protocolo, as coisas estavam ficando ainda mais malucas. Pela maior parte dos anos 1960, o Santos foi considerado por muitos o melhor time do mundo. E durante aquele período o mundo esteve muito interessado em nos ver jogando o nosso futebol descontraído, ousado e cheio de improviso. Fazíamos muitas turnês e nos divertíamos tanto que um jornal dos Estados Unidos descreveu o nosso time como "os Harlem Globetrotters do futebol", comparando a gente ao grande time americano de basquete acrobático. Mas o mundo era então jovem, rebelde e cheio de anarquia, e aquele frenesi que parecia nos cercar e nos seguir – algo excitante, gratificante e às vezes assustador – hoje me parece difícil de conceber.

Numa manhã em Caracas, Venezuela, a pista de pouso estava tão tomada por fãs do Santos que tivemos de esperar por quatro horas dentro do avião até a polícia conseguir liberar o nosso desembarque. Em uma viagem para o Egito, fizemos uma parada em Beirute, quando uma multidão invadiu o aeroporto e ameaçou me sequestrar a menos que concordássemos em jogar uma partida contra a seleção libanesa. (Nós educadamente recusamos, com o apoio da polícia libanesa, e seguimos viagem para o Cairo, como planejado.) Em Milão, milhares de italianos ficaram sabendo que eu estava no centro da cidade passeando pelo comércio e iniciaram uma caçada para pegar autógrafos. Eu me escondi atrás de um pilar e fiquei esperando um carro do Santos vir me resgatar. Quando o carro apareceu eu corri na direção dele, saí correndo mais rápido do que já há havia corrido em um campo de futebol!

E mesmo os campos de futebol não ofereciam muita proteção. Em 1962, jogávamos a final da Libertadores, campeonato que o Santos nunca tinha vencido. Nosso adversário era o grande Peñarol – um time que só por ser uruguaio já fazia o nosso coração disparar. Depois da tradicional rodada de jogos em casa e jogos no estádio adversário, estávamos empatados, então íamos jogar a partida final pelo título no estádio Monumental de Buenos Aires, Argentina. Quando ganhamos o jogo, cravando um 3 a zero em grande estilo, com dois gols meus, a multidão invadiu o campo. Atrás de suvenires os fãs literalmente arrancaram toda a roupa do meu corpo! No dia seguinte um jornal brasileiro saiu com a manchete: "Um *strip-tease* do Rei Negro do Futebol".

Pode soar estranho, mas esse tipo de incidente dificilmente nos assustava, principalmente na América Latina – naqueles tempos, uma certa bagunça fazia parte da paisagem, como a chuva, o sol ou a poluição. Cada demonstração do nosso futebol exuberante fazia a lenda do Santos crescer. Nosso time contava com muitos jogadores excelentes, como Zito, Pepe e Coutinho, entre outros. No período entre 1958 e 1973, o Santos venceu duas Libertadores, seis campeonatos brasileiros e dez paulistas. Como resultado do nosso sucesso e da nossa habilidade, a demanda para ver o Santos em campo era insaciável. Durante o começo do ano nós fazíamos uma turnê pela América Latina – a Argentina era muito mais rica que o Brasil naquela época e podia pagar bons prêmios aos jogadores. De junho a agosto vinham as maiores boladas, quando íamos para a Europa aproveitar o verão no hemisfério norte. Jogávamos 20, 25 ou até 30 partidas em uma turnê.

E jogávamos em qualquer lugar: nas capitais mundiais, como Paris e Nova York e em destinos menos concorridos, como Kansas City no Estado americano do Missouri, em Alexandria, no Egito, ou em Turim, na Itália. Na Costa do Marfim, na África, quando eu cheguei para jogar na capital, Abidjan, 15 mil pessoas formavam uma fila ao longo da estrada que ligava o aeroporto ao centro da cidade. Uma vez desfilei de carro aberto pelos Champs-Élysées em Paris a caminho de uma partida contra a França. A atriz Brigitte Bardot entrou no estádio com as cores da França – botas vermelhas, uma incrível e sensual calça branca e uma malha azul bem apertada. O estádio inteiro prontamente se esqueceu de mim e do jogo – e passou quase os 90 minutos e mais o intervalo de olho nela. O time francês venceu. Depois do jogo, Brigitte Bardot premiou o capitão francês com um troféu e um beijo – ele ficou tão impactado que depois os jornais disseram que ele tinha se esquecido de levar embora o troféu! Ela também me ofereceu um beijo – mas eu recusei, imaginando que a Rose não ia querer as fotografias daquele beijo saindo em todos os jornais brasileiros.

A atenção dos fãs era gratificante – e inesgotável. Em um voo da Cidade do México a Nova York, eu me reclinei na poltrona e dormi. É algo que sempre fui capaz de fazer: fechar os olhos e tirar uma soneca, mesmo que o mundo estivesse acabando à minha volta. Enquanto eu estava dormindo, os passageiros continuavam a se levantar e ir até a frente do avião atrás de um autógrafo. (Estávamos nos anos 1960, quando ainda se podia levantar e andar pelo avião sem causar pânico em ninguém.) Felizmente, ninguém me acordou. E quando o avião iniciava os preparativos para a aterrissagem em Nova York começou uma cantoria. Os passageiros começaram a cantar em espanhol: "Despierta, Pelé, despiertaaaaaa!" Ao som do "acorda, Pelé, acorda!", eu comecei a sair do meu cochilo. Meus olhos ficaram piscando até eu reconhecer a pessoa que estava sentada ao meu lado – era o jornalista esportivo Orlando Duarte. Levei alguns minutos até perceber o que estava acontecendo.

"Meu Deus", eu acabei dizendo para o Orlando. "Achei que eu tinha morrido!"

Nós dois começamos a rir. E assim que aterrissamos, dei autógrafos para todo mundo.

Sempre tentei fazer bonito para as pessoas, porque sabia que eu era um dos motivos pelos quais elas iam ver os nossos jogos. O Santos chegava a arrecadar 100 mil dólares nas partidas em que eu jogava e 30 mil nas partidas sem o Pelé. O dinheiro que as pessoas entregavam para ver o Pelé jogar era fruto de trabalho e sacrifício e eu tinha consciência disso. Somando tudo, eu havia marcado 127 gols em 1959 e 110 em 1961 – números que não pareciam reais naquela época e que hoje parecem totalmente impossíveis. Mas, além de marcar gols, eu também tentava atender os pedidos especiais tanto dos times como dos nossos anfitriões, e algumas solicitações podiam ser bem estranhas. Em algumas ocasiões, nos países onde pessoas de cor eram uma visão bem incomum, os organizadores pediam para que eu ou o Coutinho usássemos uma braçadeira branca. Eles faziam esse pedido por que de outra forma os fãs não conseguiriam saber quem era quem. No contexto atual aqueles pedidos soam quase indecentes, mas estávamos nos divertindo demais para nos importarmos de verdade.

Até mesmo as pequenas "crises" que a gente vivenciava de tempos em tempos acabavam tendo finais felizes. Em julho de 1968 jogávamos contra a Colômbia quando meus colegas e eu começamos a discutir com o árbitro da partida, Guillermo "Chato" Velasquez, porque achávamos que ele devia anular um gol marcado contra o nosso time. Um dos meus companheiros, o Lima, começou a protestar. O árbitro era um cara grande – na verdade, havia sido lutador de boxe – e começou a enfrentar o Lima – e acabou mandando-o para fora do campo. Eu fiquei revoltado e fui na direção do árbitro para continuar a discussão – e então o "Chato" também me expulsou.

Eu provavelmente merecia ter sido expulso. Mas assim que eu me retirei do campo o público colombiano enlouqueceu. As pessoas nas arquibancadas começaram a jogar no campo almofadas, papéis e lixo, atiravam coisas no juiz e atiravam coisas umas nas outras. "Pelé! Pelé!", gritavam. A polícia teve de sair das arquibancadas em entrar no campo proteger o "Chato".

Eu corri para o vestiário sob as arquibancadas, mas o barulho da multidão continuava ensurdecedor. Batiam os pés contra o piso das arquibancadas, soltavam fogos e gritavam o mais alto que podiam. Parecia que a Terceira Guerra Mundial tinha começado lá fora.

Eu comecei a descalçar as chuteiras quando o presidente do Santos entra correndo no vestiário, quase sem fôlego.

"Você vai voltar para o jogo, Pelé."

"Quê?", perguntei, incrédulo. "Você está maluco? Eu fui expulso."

"Não, não", ele disse, balançando a cabeça. "O árbitro foi removido do jogo. E você está voltando."

Eu não podia acreditar naquilo – mas o presidente estava dizendo a verdade! Com o estádio inteiro revoltado, as autoridades decidiram que me colocar de volta no jogo era o único modo de evitar uma completa insurreição. Calcei de volta as chuteiras e corri para o campo. Nós continuamos a jogar e sem nenhum sinal do "Chato".

O incidente foi bem divertido, mas aquilo não estava certo. "Chato" era o árbitro e ele tomou a decisão de me expulsar. A decisão dele deveria ter sido respeitada. Por muito tempo, sempre que eu pensava no que tinha acontecido naquele dia eu me sentia mal. Por sorte, no fim das contas eu consegui compensar a situação. As coisas começaram a se resolver quando eu encontrei o "Chato" em um hotel no Brasil. A gente se abraçou e nós trocamos nossos contatos. Quando joguei em Nova York, perto do fim da minha carreira, mandei ingressos de um dos jogos para ele e a família. Por fim, em Miami, durante um dos jogos de despedida, alguns jornalistas decidiram que a gente deveria "reencenar" a minha expulsão. Então o "Chato" tirou do bolso um cartão vermelho e ia me mandar para fora. Eu peguei o cartão da mão dele e continuei jogando, como tinha sido na Colômbia!

E demos rimos muito daquilo tudo – principalmente o "Chato". O que poderia ter se tornado um caso de rancor para a vida inteira, acabou em amizade. Essa é outra coisa fantástica do futebol – na maioria das vezes, todo mundo sai contente do campo.

9

Por mais divertido que estivesse sendo, algo estava faltando na minha vida. E as pessoas a toda hora ficavam me lembrando do que era.

"Você não sente falta de defender o seu país?" eles perguntavam. "Você quer que 1966 seja a sua última lembrança de vestir a camisa amarela?" Os fãs, os dirigentes do Santos, os brasileiros nas ruas, jornalistas, outros jogadores – todos faziam sempre as mesmas perguntas e eu nunca tinha uma resposta convincente para dar. E, claro, eu dizia que tinha jogado três Copas do Mundo e saíra machucado de todas elas e falava de como os árbitros não tinham me protegido, esse tipo de coisa. Mas sempre que dava essas respostas, não parecia eu, era como se estivesse representando. Não pareciam coisas que o Pelé diria.

Alguns anos antes, em 1964, o Santos tinha contratado um novo diretor técnico: o professor Júlio Mazzei. Ele rapidamente se tornou uma das pessoas mais importantes na minha vida. O professor Mazzei era um homem tremendamente culto, que tinha estudado nos Estados Unidos, e passou a supervisionar basicamente todos os aspectos da preparação física do time. Além de cuidar do nosso treinamento ele também atuava como uma espécie de conselheiro – ajudava todos nós a aprendermos como se comportar adequadamente em hotéis, aeroportos e em outros lugares, quando a gente estava em excursão. Ele era a ponte que nos levava do mundo do atletismo amador para enfrentar as pressões crescentes do esporte profissional nos anos 1960 e 1970; ele ajudou todos nós garotos a nos tornarmos homens. Ao longo dos anos o professor Mazzei seria uma fonte constante de estabilidade, objetividade e visão de conjunto; muitas vezes ele era a única pessoa que conseguia observar com discernimento os eventos e as pessoas presentes na minha vida louca, e eu confiava imensamente nele. Ele era como o irmão mais velho que eu nunca tive.

Uma coisa que sempre admirei no professor Mazzei era que ele conseguia falar comigo e me aconselhar como nenhuma outra pessoa tinha feito. Ele nunca pressionava, e sempre usava o bom humor. Mas era sempre franco, mesmo quando tentava me empurrar para o caminho certo. Então, naquele tempo, enquanto eu estava fazendo meus treinos em campo, ele dizia:

"Ah, Pelé, você parece muito bem. Já está pronto para vencer uma terceira Copa do Mundo para o Brasil!"

Eu apenas sorria e resmungava para mim mesmo.

"Pelé, o que você vai fazer quando 1970 chegar e você estiver sentado em casa?", ele continuava, dando risada. "O que você vai dizer para a sua família?"

"Foram eles que quiseram que eu saísse!", eu respondia. "A resposta ainda é não, professor!"

O professor Mazzei levava as mãos para o alto, fingindo desespero e se afastava.

Afinal, o que realmente estava acontecendo comigo?

Bem, quando comecei a me aproximar dos 30, acho que em certos aspectos eu tinha me tornado uma pessoa muito teimosa. Eu tinha estado sob os holofotes por quase uma década e tinha me queimado mais de uma vez no futebol, nos negócios e na vida. Eu tinha aprendido do modo mais difícil que quando se tratava da minha carreira em particular era mais importante dizer "não" que dizer "sim". E quando eu dizia não, raramente voltava atrás. Era um modo bom de conduzir a vida? Não, mas ajudava a em proteger. E me dava um pouco de paz.

Na verdade, eu sentia muita falta de jogar pela seleção brasileira. Mas eu acreditava que antes de poder voltar, algo precisava mudar.

E esse algo era eu.

A primeira Copa do Mundo, na Suécia, foi um passeio encantado, sem dúvida. Ainda persistia a imagem do fenômeno adolescente, ainda um garoto, levado pelo puro talento às alturas que poucos haviam alcançado no futebol. Desde então eu segui uma carreira de sucesso como o cara que amava o futebol e que amava fazer gols. Mas, nos últimos anos, havia o rumor de que apesar de toda a minha habilidade em campo eu era uma figura solitária, até mesmo perdida. Por exemplo, depois que fomos mandados pra casa na Copa de 1966 na Inglaterra, o jornal londrino *Sunday Times* descreveu a imagem do Pelé machucado e se retirando do campo como "o milionário triste... uma figura introvertida, distante, presa dentro de uma concha que o protegia do peso esmagador da fama".

Alguns desses retratos do Pelé como uma estrela solitária eram puro absurdo inventado por jornalistas e outras pessoas que queriam criar polêmica e vender jornais. Por exemplo, havia uma intriga nos jornais, que vinha do início dos anos 1960, de que o Garrincha e eu não nos dávamos bem. Muito disso se baseava na ideia de que ele e eu havíamos nos apaixonado pela mesma mulher: a cantora Elza Soares.

A verdade, porém, era até engraçada. Depois que machuquei meu joelho na Copa de 1962, eu passei por todo tipo de terapia num esforço desesperado para voltar ao campo. Uma tarde, enquanto ainda estávamos no Chile, eu estava sentado seminu numa mesa de treinamento quando entra ninguém menos que Elza. Ela parecia maravilhosa, como sempre – *sexy*, cheia de vida e de graça. Eu não fazia ideia de como ela tinha conseguido entrar no nosso vestiário! Surpreso, me enrolei numa toalha e comecei a papear com ela. Enquanto conversávamos, o Garrincha entrou no salão e se juntou a nós. Eu percebi na hora que o Garrincha estava enfeitiçado, e mesmo depois que a Elza foi embora ele continuava perdido naquele encanto.

"Mas, homem, Pelé", ele disse calmamente. "Homem, aquela garota, Elza, ela é muito legal."

"Sim", eu concordei.

"Mas, homem, ela é maravilhosa. Uau. Que garota."

Eu fiquei lá, em silêncio, com um sorriso no rosto.

"Mas, homem, se...", e então Garrincha parou. "Bem", ele disse, "que pena eu sou um homem casado!"

Mas isso não foi um impedimento. Garrincha e Elza começaram a se ver durante aquela Copa do Mundo – que, é claro, acabou vendo uma das maiores performances individuais da história do futebol e que nos levou a ganhar aquela Copa, depois que nenhum tratamento conseguiu me por de volta em campo. O Garrincha acabou deixando sua mulher para ficar com Elza e eles se casaram. Isso levou aos boatos de que ele havia "roubado" ela de mim e era por isso eu odiava o Garrincha. O que obviamente não era verdade!

Ao contrário, eu adorava o Garrincha. Amava o espírito brincalhão dele. Adorava o fato de que mesmo depois de ter ganhado a Copa duas vezes seguidas, ele ainda era a mesma pessoa que circulava pelo ônibus da Seleção Brasileira jogando água gelada na cara de quem estivesse dormindo. Sempre fui grato a ele por ter vindo correndo me acudir quando desmaiei em campo na Suécia. Nós partilhávamos a cumplicidade de termos sido subestimados por causa de nossas origens humildes – éramos os dois caipiras do interior que receberam o maior pente-fino por parte da equipe médica em 1958. Logo após eu ter me machucado em 1962 o Garrincha continuou garantindo que eu voltaria rapidinho para o campo. "Você não vai me abandonar, vai?", ele perguntava, cheio de bom-humor. Ele também dizia que, se tudo o mais falhasse, os médicos deviam me mandar para a cidade natal dele, Pau Grande, para ver um curandeiro – que certamente daria um jeito em mim.

Eu tinha um bom relacionamento com o Garrincha e com praticamente todo o resto da equipe. Mas quando fiquei mais velho, comecei perceber que "um bom relacionamento" não era o suficiente. Sim, eu era sociável, gentil e trabalhava duro. Eu sempre dei o máximo de mim em campo. Mas o primeiro capítulo da minha vida, quando era suficiente para mim marcar quantos gols eu conseguisse, sem desempenhar nenhum outro papel maior, havia chegado ao fim.

Lá no fundo do meu coração eu sentia que precisava crescer. Afinal de contas, eu não era mais o garoto que tomara de assalto os campos de futebol na Suécia nem era o jovem de 21 anos que havia jogado a Copa do Mundo de 1962 no Chile. Eu era um homem agora. Na Copa de 1970 eu teria 29 – um ano a menos que Didi quando ele liderou a nossa jovem seleção na Suécia com a sua maturidade e sua presença tranquilizadora. Acho que chega um momento na vida de cada pessoa em que você se dá conta da necessidade de viver para os outros e não apenas mais para si mesmo. Para mim essa mudança não aconteceu da noite para o dia, nem era resultado imediato de nada que tivesse acontecido nos gramados. Na verdade, tinha relação com outro evento em minha vida – o nascimento da minha primeira filha, Kelly Cristina, em 1967. À medida que ela crescia e agia cada vez mais como um pequeno ser humano, ela mudou o meu modo de olhar para as pessoas – incluindo meus parceiros em campo. Eu comecei a sentir uma profunda satisfação ao me preocupar com os outros, ajudar as pessoas. Eu percebi que se o Edson era capaz disso, então o Pelé também era.

Enquanto isso eu sabia que o mundo passava mais uma vez por mudanças rápidas. Quando viajamos para a Suécia em 1958 o Brasil pegou todo mundo de surpresa. Ninguém sabia praticamente nada sobre o nosso país, sobre a nossa seleção. A TV era uma raridade e havia poucos registros em filme de nossas partidas para que nossos adversários pudessem estudar nossas forças e nossas fraquezas. Isso continuou assim até os anos 1960. Na verdade, vários de meus gols mais memoráveis nunca foram filmados nem exibidos na TV. Um exemplo foi o chamado "gol de placa" que marquei pelo Santos no Maracanã em 1961 – na falta de registro em filme ou vídeo as pessoas queriam guardar e celebrar esse gol de alguma maneira, então decidiram colocar uma placa no lado de fora do estádio sinalizando o feito. Eu havia cruzado uma série de zagueiros e marquei o gol, mas apenas os fãs presentes no estádio naquele dia teriam alguma lembrança real de como aquilo aconteceu.

Isso parece pouca coisa, mas na verdade tinha muita influência sobre o modo como a nossa seleção funcionava e se preparava – e até mesmo ditava o nosso estilo de jogo. Sem registros de nossas performances, estávamos livres para jogar como um grupo de talentos individuais em vez de atuarmos como uma equipe de verdade. Não precisávamos de uma estratégia sofisticada – podíamos contar apenas com nossos instintos e se divertir no gramado. O Brasil era muito bom nisso e essa era uma das razões para o nosso grande sucesso. Mas agora, quando a Copa da Suécia não tinha feito ainda dez anos, a popularização da televisão estava começando a tirar o véu de tudo o que existia no mundo – inclusive o futebol. Já tínhamos visto na Copa do Mundo de 1966 na Inglaterra: as seleções haviam se preparado para jogar contra a gente e estavam começando a empregar planos de jogo bem complexos. Agora não era mais suficiente reunir um grupo de caras talentosos e motivá-los. Você tinha de ter tática, trabalho de equipe – e liderança.

Com esse contexto eu pude ver os erros de 1966 sob uma nova luz. Naquele momento após o empate com a Escócia, quando nossos treinadores nos criticaram e eu e o Garrincha apenas demos de ombro na saída – aquilo tinha sido um erro. Nós éramos jogadores reconhecidos, já éramos figuras importantes dentro da equipe, e poderíamos ter levantado e falado do que a gente sabia. Da mesma forma, quando a seleção decidiu me colocar no banco naquele fatídico jogo contra a Hungria eu poderia ter feito mais do que baixado a cabeçada e aceitado o meu destino.

Mas talvez tivesse sido necessário que a gente perdesse na Inglaterra para que eu pudesse ver essas coisas. Talvez tenha sido necessário que eu me afastasse dos jogos da seleção por um período. Enquanto isso, tivemos algumas mudanças positivas – o Santos estava jogando bem e eu era o grande artilheiro, o que significava que já estava 100% recuperado e que podia voltar a defender o Brasil sem me preocupar com deixar meu clube na mão. Também havia uma atmosfera mais tranquila e mais controlada nos jogos internacionais – algumas mudanças tinham sido feitas na sequência do campeonato de 1966, como permitir que jogadores machucados em campo, como tinha sido o meu caso, pudessem ser substituídos. A Copa de 1970 também seria a primeira a usar cartões amarelos e cartões vermelhos, em parte para desencorajar o tipo de comportamento brutal que tínhamos visto na Inglaterra.

Depois de muito refletir e de ter conversado com todo mundo, do professor Mazzei a Rose e meus pais, chamei os mandachuvas da seleção e perguntei se me aceitavam de volta. E felizmente me aceitaram. Naquela hora eu prometi a eles que, daquele momento em diante, eu não iria apenas me concentrar em ser um bom artilheiro, mas também um bom líder.

10 É mais fácil falar que fazer!

No começo de 1969, faltando pouco mais de um ano para irmos ao México, a diretoria nos surpreendeu ao trazer um novo técnico: João Saldanha. Ele era um jornalista bem conhecido que havia sido um dos críticos mais ferozes da nossa abordagem caótica e arrogante em 1966. Era um furacão de carisma, sempre bem articulado e muito confiante de si mesmo. Enquanto os técnicos anteriores pareciam ter medo de ofender alguém na preferência por um jogador em relação a outro, Saldanha declarou logo no início que iria selecionar um grupo base de jogadores e mantê-los.

"Meu time é formado por onze feras prontas para encara qualquer coisa", Saldanha disse aos antigos colegas da imprensa. "Eles vão me acompanhar até o fim. Ou vai ou racha!"

Assim, ficamos conhecidos como "as feras do Saldanha". E no começo parecia uma combinação muito boa. Em vez de juntar uma coleção de craques brasileiros, Saldanha tentou criar uma unidade reunindo o núcleo de alguns times. Ao selecionar grupos de jogadores que já se conheciam, ele resolveu os problemas de falta de química das seleções anteriores. A maioria dos jogadores vinha do Santos e do Botafogo, dois dos melhores times daquele tempo. E a nossa seleção venceu quase todos os jogos de 1969, derrotando seis dos nossos adversários na fase de classificação para a Copa – um feito inédito até então.

Infelizmente, Saldanha também tinha seu lado sombrio. O que no começo parecia confiança acabou se tornando uma arrogância perigosa e descontrolada. Ele era uma pessoa volátil, e todo mundo sabia que ele gostava de beber. Em um longo perfil, o jornal *The New York Times* o descreveu como: "uma pessoa muito direta, de pavio curto, agressiva e quixotesca". Saldanha passou a atacar qualquer um na imprensa ou mesmo nas arquibancadas que questionasse suas decisões como técnico. Em um incidente famoso, ele ficou tão nervoso com a reclamação de um técnico fluminense que teria ido atrás dele com uma arma na mão. Foi um milagre que ninguém tenha se ferido.

Só que esse tipo de intriga acabou contaminando o nosso jogo. No fim daquele ano, perdemos um amistoso contra o Atlético Mineiro – o clube onde o Dondinho se apresentou em 1942 – por 2 a 1. Perdemos de 2 a zero para a Argentina num jogo em Porto Alegre. Nesse meio tempo, Saldanha tinha viajado para o México e para a Europa para sondar nossos futuros adversários. Na volta ele começou a cortar meio ao acaso alguns jogadores e colocar outros no lugar, desfazendo aquele núcleo que no fim das contas vinha funcionando muito bem.

Desta vez eu decidi não repetir meus erros de 1966 – não ia mais bancar o craque silencioso. Eu tinha aprendido a minha lição e estava decidido a me fazer ser ouvido. Primeiro eu tentei falar diretamente com o Saldanha, mas não consegui nem fazê-lo sentar ao meu lado. Então, meio relutante, fui à impressa. "Não é meio cedo para começar a fazer tantas mudanças na equipe?", eu declarei. "Acho que este não é o momento ideal para colocar novos jogadores".

Por sorte o Saldanha não veio atrás de mim com uma arma. Mas quase! Ele começou a dizer à imprensa que era o momento para uma "nova geração" de jogadores brasileiros terem a sua chance. Diante de um jogo contra a Argentina ele me deixou de fora da escalação inicial alegando questões de disciplina. E quando se aproximava um outro jogo com a seleção chilena, o Saldanha disse que estava pensando em me cortar da seleção e alegou a minha vista fraca – por causa da miopia – como uma deficiência nos jogos noturnos.

Na verdade, a acusação de miopia era bem engraçada. De fato, sou mesmo míope – sempre fui e os médicos do Santos já tinham diagnosticado isso quando entrei no clube aos 15 anos. Mas isso nunca interferiu no meu jogo – na verdade, pode até ter me ajudado. Uma das teorias mais interessantes que os jornalistas levantaram para tentar explicar o meu sucesso dizia que eu tinha mais visão periférica e que isso me permitia enxergar uma área maior do campo que a maioria dos jogadores. Não faço ideia se isso é verdade – mas a questão é que a minha visão com certeza nunca foi um problema.

Todo mundo percebia o que o Saldanha estava tentando fazer. O comportamento dele começou a ficar insustentável. Pouco antes do jogo contra o Chile a diretoria da seleção demitiu o Saldanha. Eu continuei na escalação e marquei dois dos cinco gols que a seleção fez.

Aquilo foi o fim da confusão? Nossa Senhora, não. De volta à seara do jornalismo, com muito poder e agora sem nenhuma das responsabilidades anteriores, Saldanha começou a nos criticar e perseguir com uma fúria renovada. Ele disse que o Gérson, nosso meia de ouro, sofria de problemas psicológicos. E disse que o Leão, o goleiro reserva, sofria porque tinha braço curto. Sobre mim, depois que a história da miopia foi desacreditada, Saldanha trocou de música, passou a dizer que eu estava muito fora de forma. Isso também era mentira – então ele mudou mais uma vez a história. Uma noite, falando na televisão, o Saldanha disse que a triste verdade era que o Pelé tinha uma doença muito séria, mas que ele não tinha liberdade para revelar qual era.

Eu estava em casa e vi aquela declaração ao vivo. Não soou verdadeiro, e, claro, eu me sentia perfeitamente bem – mas o Saldanha parecia tão convencido do que dizia, que eu comecei a pensar naquilo. Seria possível que o Saldanha soubesse de alguma coisa que eu não sabia? Será que os dirigentes da seleção estavam escondendo algo de mim, seja por piedade ou, mais provável, porque queriam me deixar livre de distrações para ganhar a Copa de 1970? Afinal, essa gente era a mesma que já tinha censurado a nossa correspondência e nos proibido de questionar as suas ordens. No Brasil daquele tempo, em que os jogadores eram tratados como se fossem objetos de valor, tudo era possível.

Quanto mais eu pensava nisso, mais me convencia de que eu podia ter alguma doença terrível, como um câncer. Não consegui dormir naquela noite. Na manhã seguinte, fui até chefe da comissão técnica e ao médico da seleção e exigi saber a verdade – eu estava doente ou não? Eles disseram que a coisa toda era bobagem, apenas uma desculpa para o Saldanha salvar a reputação diante da opinião pública. Mas só depois que examinei com os próprios olhos os meus relatórios médicos mais recentes é que comecei finalmente a relaxar.

O tempo passou e também passou a minha raiva com o que tinha acontecido. O Saldanha sofria e sofreu de muitos problemas, e alguns muito além do seu controle. Ele merece uma parte do crédito por ter criado a base para a seleção de 1970 e por ter ajudado o futebol brasileiro a começar a recuperar a sua autoestima. No fim, ele nos deixou quando fazia o que gostava, ele morreu na Itália, cobrindo a Copa do Mundo de 1990 – como jornalista.

11 **Nosso novo técnico não viria a ser um anti-Saldanha** só em termos de comportamento, mas era também um velho companheiro de seleção e um amigo querido – Mário Zagallo. Um dos jogadores chaves nas seleções vitoriosas de 1958 e 1962, Zagallo sempre jogou futebol com a determinação de quem queria mostrar o seu valor, e por um motivo com o qual eu certamente conseguia me identificar. Zagallo estava em campo no Maracanã em 1950, como um novato de 18 anos se preparando para tomar parte nos comemorações antes do jogo. Ele ficou lá e viu a partida até o fim. E foi um dos muitos brasileiros que à sua maneira prometeu que ia nos vingar daquela derrota contra o Uruguai.

Embora ele tivesse apenas 39 quando se tornou o nosso técnico, apenas seis anos a mais que o jogador mais veterano, Zagalo em pouco tempo se mostrou um estrategista habilidoso e que – para minha alegria – evitava fazer joguinhos mentais. Ele era respeitado pelos jogadores tanto pelo *pedigree* de campeão como pela imensa força física – Zagallo cresceu nadando contra as fortes correntezas do litoral do Nordeste, e cada movimento que fazia sempre demonstrava segurança e autoridade. Era a pessoa mais calma que eu já conheci na vida.

De imediato, fui procurar o Zagallo para dizer que eu não causaria nenhum problema – que aquele mal-estar com o Saldanha tinha sido uma exceção e que não iria se repetir.

"Se você não me quiser em campo, eu vou entender", eu disse. "Não vou reclamar, prometo. Mas, por favor, apenas seja direto, não faça joguinhos."

O Zagallo deu risada. "Pelé", ele disse, colocando a mão imensa no meu ombro, "Eu não sou idiota. Você vai estar em campo, confie em mim".

Zagallo tinha segurança suficiente para manter o coração da equipe que Saldanha tinha montado, fazendo apenas algumas mudanças. Entre elas, Zagallo tomou a sábia decisão de investir em Eduardo Gonçalves de Andrade, apelidado de "Tostão", um dos maiores talentos e uma das pessoas mais marcantes a jogar pelo Brasil. Tostão fizera a sua estreia nos grandes times aos 15 anos de idade, e a juventude e a habilidade como atacante levaram as pessoas a chamá-lo de o "Pelé branco". Extremamente inteligente dentro e fora de campo, Tostão depois acabou se formando em Medicina. A imprensa começou a especular que seria impossível nós dois entramos em campo ao mesmo tempo – porque nossos estilos eram bem parecidos – mas Zagalo tinha a segurança e a sabedoria para rebater todas aquelas preocupações. Na verdade, muita gente olharia em retrospecto para a seleção de 1970 e diria que tínhamos ali uns quatro ou cinco "camisa 10" em campo em qualquer partida.

Era algo muito diferente e alguns críticos acusaram a seleção de ser uma equipe só com ataque e sem nenhuma defesa. Mas Zagallo acreditava que ele podia jogar com quantos jogadores de talento quisesse, desde que conseguisse que trabalhassem em equipe. Aquilo podia parecer simples, mas eu já tinha visto ao longo da minha carreira como era difícil colocar esse conceito em prática. Zagallo encorajava todos nós a expressar nossas opiniões e fornecer informações que o ajudavam a tomar decisões. Era o oposto do clima autoritário, de "ninguém pode falar nada", de 1966. Tínhamos reuniões de equipe em que todo mundo falava. E o Zagallo ficava ali, só ouvindo. Ele tinha segurança para ouvir a opinião e o pensamento de qualquer jogador. E assim, aos poucos, começava a se formar um time de verdade.

12
E quando estávamos nos aprontando para o México, a política mais uma vez se intrometeu em nossa preparação – desta vez, do modo mais espantoso.

O novo chefe do regime militar, Emílio Médici, era um conservador linha-dura – e um grande fã do futebol. Por muitos anos ele acompanhou os altos e baixos de seleção brasileira enquanto ia avançando na hierarquia do exército. Mas ficamos realmente surpresos quando Médici deu uma entrevista no jornal dizendo que gostaria de ver o seu jogador preferido, Dario José dos Santos, na seleção brasileira e jogando a Copa do Mundo de 1970.

Dario, conhecido como "Dadá Maravilha", era mesmo um jogador muito bom. Ele faria uma carreira como um dos maiores artilheiros do nosso futebol. Mas a seleção já tinha munição suficiente no ataque e havíamos trabalhado muito para desenvolver um núcleo de jogadores entrosados e que confiavam uns nos outros. Então, naquela altura, não havia nenhum espaço para o Dario na equipe.

Por que Médici diria uma coisa daquelas? Talvez porque fosse um verdadeiro fã do Dario e do futebol. Mas havia outras coisas acontecendo no Brasil naquele tempo, coisas que só aumentavam a pressão para a seleção sair vitoriosa da Copa do Mundo no México. A ditadura militar tinha entrado numa fase mais autoritária e mais repressora no final dos anos 1960, e agora censurava a imprensa e retirava das universidades e de outras instituições as pessoas suspeitas de "subversão". Milhares de Brasileiros foram forçados a se exilarem, e o *slogan* não-oficial daqueles anos era "Brasil: ame-o ou deixe-o". Mas o pior era que os militares passaram a adotar a prática monstruosa de torturar pessoas e sumir com elas. Naqueles primeiros meses de 1970, enquanto a seleção estava ocupada treinando e se preparando para a Copa do Mundo, uma estudante universitária de 22 anos, chamada Dilma Rousseff, estava sendo torturada em uma cela, pendurada no pau de arara enquanto recebia choques elétricos pelo corpo.

Quando ouvimos pela primeira vez essas histórias, não conseguíamos acreditar – era o tipo de coisa que ocorria na Alemanha nazista, não no nosso amado Brasil. Ainda não havia acontecido o golpe do general Augusto Pinochet no Chile – nem a famigerada "Guerra Suja" na Argentina. Mas logo alguns jogadores e membros da equipe técnica começaram a ouvir relatos de primeira mão dos horrores que vinham acontecendo no Brasil. A gente não tinha ainda ideia da magnitude do processo, mas não se podia mais duvidar do que estava acontecendo. Dentro da equipe, tivemos longas discussões entre os jogadores sobre a situação. Devíamos dizer alguma coisa? Devíamos protestar de alguma forma?

No fim, decidimos que éramos jogadores de futebol e não políticos. Não achávamos que era nossa função falar das coisas que estavam acontecendo. Zagallo colocou o Dario no time, como havia sido pedido. E todos nós ficamos quietos – pelo menos por um tempo.

13
De todas as Copas do Mundo de que participei, a do México em 1970 foi a mais louca – e a mais divertida. Havia muitos desafios, incluindo o calor, a altitude e o caos que parecia acompanhar a maioria das seleções. Mas ganhamos a simpatia dos torcedores mexicanos, tão barulhentos e completamente aficionados pelo futebol – e ainda bem, porque se eles não estivessem do nosso lado, tudo poderia estar perdido para a seleção brasileira.

Vou dar um exemplo da paixão dos torcedores mexicanos: depois que o time mexicano esmagou a seleção de El Salvador por quatro a zero na fase de grupos, dezenas de milhares de pessoas ignoraram a chuva torrencial que caía na Cidade do México e tomaram as ruas da capital. A multidão escalou a entrada do hotel onde se concentravam os jornalistas estrangeiros e levou embora uma bola de futebol de quase 4 metros de altura feita de fibra de vidro exclusivamente para a Copa do Mundo. Urrando e gritando de alegria, a multidão rolou a bola gigante por mais três quilômetros até a praça principal da cidade, o Zócalo. Lá, muito felizes, os torcedores fizeram a bola em pedaços, que levaram para casa como recordação.

Várias seleções não conseguiram se adaptar às condições mexicanas. Alguns dos estádios eram realmente problemáticos – as partidas na cidade de Toluca, por exemplo, eram disputadas a uma altitude de quase 2.800 m. (Imagine subir a serra ou escalar o monte Roraima para bater uma bolinha.) Para tentar maximizar a audiência televisiva na Europa, horas à frente em relação ao fuso horário do México, alguns jogos começavam ao meio-dia em ponto, sob o terrível sol mexicano. Alguns jogadores simplesmente não aguentaram o calor. Em algumas partidas, como entre a Alemanha e o Peru, a impressão era de que os times jogavam concentrados nas estreitas faixas de sombra criadas pelos camarotes do estádio.

Era a primeira Copa do Mundo na América Latina depois da Copa de 1950, no Brasil, e os as seleções europeias em particular não queriam mais saber das ameaças e das doenças exóticas que os aguardavam. Os ingleses trouxeram a sua própria água engarrafada e tentaram até importar *bacon* e embutidos, além de ônibus próprios e mesas de carteado. Mas não deu muito certo – a lei mexicana proibia todo mundo, inclusive jogadores de futebol ingleses, de importar alimentos que pudesse transmitir febre aftosa. Todas as linguiças inglesas foram destruídas no aeroporto e o time foi obrigado a sobreviver à base de *salchichas*, as apimentadas linguiças mexicanas.

Nem Brasil também estava a salvo do clima de "tudo pode acontecer". Pouco antes da nossa chegada, as autoridades mexicanas prenderam nove pessoas acusadas de fazer parte de uma operação internacional para me sequestrar. Depois das prisões, os dirigentes da seleção determinaram que a cada noite eu deveria dormir em um quarto diferente no hotel. A segurança nos lugares aonde íamos foi aumentada e eu tinha uma escolta 24 horas. Hoje isso parece muito assustador, e talvez até fosse. Mas naquele tempo eu nem me preocupei muito. Como disse antes, naquela época você tinha que de alguma forma abraçar o caos. E foi o que fiz. E como sempre, dormi como um bebê.

Tudo o que o Zagallo e os diretores da seleção fizeram nos ajudou a nos sentirmos em uma espécie de oásis de tranquilidade, com muito conforto e sem perturbação. Nossa equipe foi a primeira das 16 seleções que iam jogar a Copa a chegar ao México. Aterrissamos em solo mexicano um mês antes da nossa primeira partida. A desculpa oficial era que isso facilitaria a nossa adaptação à altitude de Guadalajara, onde jogaríamos a fase de grupos. Mas acho que o principal objetivo da diretoria era nos manter em um só lugar e livre de preocupações, evitando o clima de carnaval dos 1966. Eles queriam que a gente passasse o tempo juntos, treinando juntos e criando laços.

Àquela altura, o mesmo núcleo de jogadores já vinha jogando junto havia um ano e meio. No campo eu às vezes sabia os movimentos dos meus companheiros antes mesmo que eles soubessem e vice-versa. Quando chegamos ao México, fomos tomados por uma união ainda mais profunda, até mesmo em campo. Fazíamos refeições juntos e juntos assistíamos a jogos de futebol na TV, e começamos a nos sentir como irmãos de verdade.

Uma noite, eu estava ao telefone com a Rose e ela me disse que a nossa família estava se reunindo toda noite para rezar pela gente. Eu pensei: não seria maravilhoso se a gente se reunisse para rezar em grupo também? Daí expliquei a ideia para o Carlos Alberto, o capitão da seleção de 1970 e um dos meus colegas no Santos. Ele achou a coisa sensacional. Então conversamos com Antonio do Passo, um dos dirigentes da seleção, e logo se juntaram a nós o Tostão, o Piazza e nosso querido preparador, Mário Américo. E não demorou muito para quase todo o grupo de 40 pessoas, entre jogadores e delegação, começar a se reunir toda noite depois do jantar para rezar. Não era obrigatório, é claro – mas quase todo mundo veio mesmo assim, sendo ou não católicos.

Sempre encontrávamos para quem rezar: pelos doentes, pela Guerra no Vietnã, pela situação política do Brasil, pela saúde das pessoas amadas. Nunca rezamos pelos jogos da Copa. Apenas pedíamos para que ninguém saísse seriamente machucado e que Deus nos unisse ainda mais e que protegesse as nossas famílias.

Para falar com franqueza, a seleção de 1970 não era uma equipe tão talentosa como o time que reunimos em 1958. Nós tínhamos fraquezas bem aparentes, que todo mundo podia ver. Pouca gente no Brasil acreditava que traríamos a taça – alguns jornalistas não acreditavam nem que passaríamos da fase de grupos. Mas à medida que rezávamos juntos e passávamos juntos os dias, eu vi uma coisa que não tinha visto antes em mais de uma década de futebol profissional. Nos treinos e durante os nossos jogos o nosso desempenho era ainda maior que a soma de nossos talentos individuais. Começamos a jogar fenomenalmente bem. E percebemos que tínhamos algo realmente especial em nossas mãos.

Essa era a grande lição do futebol que até aquela Copa de 1970 eu ainda não havia compreendido de todo. No México, entre as sessões de reza, os treinos, as reuniões de equipe, as refeições, as piadas e a camaradagem, eu percebi finalmente o verdadeiro potencial do que um grupo de jogadores conseguia fazer como equipe. Eu vi o que era verdadeiro poder de um time.

14
Outra curiosidade sobre a Copa do Mundo de 1970: foi uma procissão dos fantasmas mais assustadores e perturbadores do nosso passado futebolístico. Nós teríamos de confrontar todos os nossos temores e derrotar um de cada vez se quiséssemos voltar a ser campeões.

E o primeiro jogo não foi exceção.

Nosso oponente era a Checoslováquia – a seleção contra a qual eu sofri a severa lesão muscular que me deixou de fora do resto dos jogos em 1962. Apesar da lembrança do trauma, também guardo na memória uma das maiores demonstrações de espírito esportivo que já presenciei na minha carreira. Depois de me machucar, ainda permaneci em campo, e os checos poderiam facilmente terem vindo "pra matar", seja buscando a minha perna machucada ou fazendo um jogo mais bruto. E isso me tiraria do jogo e colocaria o time deles em melhor posição para vencer. Mas também poderia aumentar o tempo de recuperação da minha lesão ou até levar a uma sequela permanente. Em vez disso os checos foram gentis e optaram por apenas me neutralizar pelo resto da partida. Três jogadores em especial – Masopust, Popluhár e Lála – abriam um pouco a passagem sempre que uma bola chegava aos meus pés. Eles procuravam evitar que eu fizesse qualquer coisa perigosa, mas me deixavam terminar as jogadas. O jogo acabou num empate sem gols. Até hoje eu sou muito grato pela atitude de cavalheiros que os checos tiveram comigo.

Os fazedores de apostas classificaram a seleção checa como uma das mais fortes na Copa de 1970 e nós não íamos ser levianos com os checos, dado o rigor com que jogaram contra a gente no passado. Mas agora tínhamos acesso aos videoteipes e eu passei um tempo estudando como os times europeus jogavam. Nas gravações e nos amistosos que havíamos jogado, percebi que os goleiros europeus tinham adotado uma nova técnica – muitas vezes eles se afastavam do gol quando a bola estava do outro lado do campo, quase atuando como um zagueiro extra. Então, quando o jogo começou eu vi que o goleiro checo, Viktor, estava fazendo a mesma coisa e decidi testar a minha sorte.

Eu estava avançando correndo, quase cruzando o meio de campo, a uns 60 metros do gol adversário, quando mandei a bola bem alto. Imediatamente ouvi a multidão murmurando – "Mas o que o Pelé está tentando fazer?" Então a bola fez um arco e começou a descer na direção do gol, rumando para a trave direita, e o Viktor correu de volta desesperado, e aí todo mundo entendeu. O murmúrio da torcida virou um rugido.

À medida que eu avançava, podia ver a bola caindo, caindo... mas, que pena, ela passou rolando à direita do gol. Não marquei. A plateia do estádio lamentou, desapontada, e então começou a aplaudir a tentativa. Já o Viktor, ele parecia aliviado, mas um tanto preocupado, era como se tivesse sobrevivido a um violento acidente de carro.

Estranhamente, muita gente diz que aquele chute foi o momento mais memorável da Copa de 1970. De fato, até hoje encontro pessoas que me contam que aquela é uma das minhas jogadas mais marcantes em suas lembranças. É só uma pena que a danada da bola não tenha entrado.

Mas meu desapontamento não durou muito. Estávamos empatados em 1 a 1, mas logo no começo do segundo tempo o Gérson me mandou um passe longo. Deixei a bola bater no meu peito e antes que tocasse o chão – e antes que o Viktor percebesse o que estava acontecendo – a bola estava na rede e o Brasil fazia 2 a 1.

Naquela tarde, os checos demonstravam mais uma vez que eram bons jogadores, mas o nosso time tinha muito poder ofensivo. Jairzinho, um dos nossos craques no ataque, somou mais dois gols ao placar, dando início a uma fase incrível e inédita na atuação dele. O placar final foi Brasil 4, Checoslováquia 1. Fomos capazes de demonstrar que sabíamos jogar como um time, que o Brasil se recusava a se intimidar com os erros do passado e que, com um punhado de jogadas assombrosas, como o chute de meio de campo, a seleção mandava um recado para os adversários, de que o velho e colorido estilo brasileiro de jogar futebol estava vivo, firme e forte.

E isso que é miopia!

15

Nosso jogo seguinte foi uma batalha de vida ou morte entre dois campeões da Copa do Mundo – nós e a Inglaterra. Era uma partida que esperei por quatro anos e pela qual estava desesperado para jogar. Sabíamos que ia ser um dos jogos mais difíceis de toda a Copa de 1970. Entretanto, também sabíamos que havia uma arma secreta do nosso lado – a multidão mexicana.

O técnico inglês, *sir* Alf Ramsey, era um homem bom e um estrategista cujo trabalho sempre admirei. Infelizmente, ele tinha irritado algumas pessoas em 1966 quando chamou os argentinos de "animais" depois que a seleção inglesa os derrotou na campanha vitoriosa rumo ao título. Muitos latino-americanos tomaram o comentário como um ataque pessoal e não tiveram papas na língua ao expressar seus sentimentos. Na véspera do jogo, cerca de 200 pessoas se reuniram na frente do hotel onde a seleção inglesa ficava, a maioria carregando tambores, cornetas, frigideiras e o que mais fizesse barulho. E fizeram serenata para a seleção inglesa até as três da manhã, quando guardas armados começaram a disparar para o alto e mandar o povo embora.

Como eu disse, foi uma Copa do Mundo muito louca!

E para essa Copa, o Ramsey também havia sido ousado e previra que a Inglaterra não só sairia vencedora do nosso grupo como repetiria o resultado de 1966. Muito bem – eles tinham uma equipe muito boa, que incluía Bobby Moore,

Bobby Charlton e muitos outros jogadores de primeira linha de quatro anos atrás. Mas no dia do nosso jogo os torcedores no estádio de Guadalajara pareciam estar ainda no embalo da serenata da noite anterior – nunca vi uma multidão tão barulhenta. As arquibancadas se mostravam tomadas pelos mexicanos – o número de torcedores brasileiros foi estimado em apenas 2 mil pessoas – mas quase todos torciam pelo Brasil. Eu me senti jogando em casa. Foi absolutamente fantástico.

A gente também sabia que o mundo estaria nos assistindo como nunca antes. A televisão havia se tornado ainda mais popular nos últimos quatro anos e a Copa de 1970 seria a primeira a ser transmitida em cores. Naquele momento, o jogo entre o Brasil e a Inglaterra foi provavelmente o evento histórico mais testemunhado até então, os jornalistas escreveram. Só na Inglaterra, perto de 29 milhões de pessoas assistiram à partida, um número semelhante ao de pessoas que no ano anterior havia assistido à descida do homem na Lua.

Antes do jogo, o técnico Zagallo, calmo como sempre, disse para ignorarmos todo a euforia e sensacionalismo e não nos deixarmos levar pela multidão a favor do Brasil. "Não esperem ganhar o jogo apenas sambando em campo", ele nos alertou. "E também não esperem nenhum gol rápido e fácil".

Aos dez minutos de jogo eu pensei que conseguiria mostrar que o Zagallo estava errado. Jairzinho fez um lindo drible no zagueiro inglês e cruzou a bola para a área de pênalti. Eu saltei e – mantendo os olhos abertos, como sempre – mandei a bola para dentro do gol. Na hora que acertei a bola eu sabia que ia para o gol. Mas o goleiro inglês, Gordon Banks, deu um pulo fantástico vindo do outro lado do gol e conseguiu espalmar a bola para fora. Foi uma das melhores defesas de todos os tempos da Copa do Mundo, se não a melhor, e o primeiro tempo terminou empatado.

Em retrospecto, penso que a cabeçada seria um modo individualista demais de ganhar o jogo. Se a força do time de 1970 era o trabalho de equipe, então teríamos de marcar um gol que fosse resultado desse trabalho – um gol que refletisse a sintonia que havíamos desenvolvido desde o ano anterior.

E então, aos 14 minutos do segundo tempo, o Tostão fez um sublime passe cego para mim. "Eu não tinha visto o

Pelé enquanto estava driblando", ele diria mais tarde, "mas eu sabia eu sabia onde ele estaria, porque toda vez que eu ia para a minha esquerda ele cobria o centro. E eu não estava errado." Eu recebi a bola na entrada do gol inglês. Em vez de chutar, porém, dei um toque de leve pela direita, e a bola passou entre os dois zagueiros que vinham me cobrir. O Jairzinho, completamente livre, tendo só o goleiro à frente, deu um passo e mandou a bola para a rede.

Nem mesmo o Banks podia ter agarrado aquela bola. A multidão no México foi à loucura. Brasil 1, Inglaterra zero.

Aquele seria o placar final — uma vitória do esforço e do verdadeiro trabalho em equipe. Décadas mais tarde o Zagallo ainda dizia que aquela era "a melhor partida que eu já assisti".

Depois os mexicanos vieram ao nosso hotel para celebrar com a gente a vitória. Pessoas de todos os lugares, centenas delas – rindo e dando tapinhas em nossas costas, bebendo cerveja e tequila pelos corredores e em nossos quartos. Mesmo a escolta que me acompanhava não conseguia ficar de olho em tudo o que acontecia – em algum momento alguém entrou de fininho no meu quarto e levou todas as minhas quatorze camisas de lembrança. Eu não me importei muito, mas fiquei sem uniforme para usar no jogo seguinte! A seleção até pensou em pedir de volta ao jogador inglês Bobby Moore a camisa que eu tinha trocado com ele no fim da partida. No fim, uma mala aérea vinda da Cidade do México resolveu o problema – e voltamos à comemoração.

Como eu disse – naqueles tempos você tinha apenas que abraçar o caos.

16 Nossos dois jogos seguintes foram desafiadores. Tivemos de dar duro para derrotar a Romênia por 3 a 2 no último jogo da fase de grupos, e então encaramos uma motivada seleção do Peru nas quartas-de-final. Esse jogo teve um significado especial para mim – o técnico do Peru era o Didi, meu grande amigo, o "Príncipe Etíope", o honorável veterano que havia nos guiado à vitória contra a Suécia em 1958. Fazendo jus a seu próprio legado como jogador, Didi treinou a seleção peruana para jogar muito acima da sua capacidade natural, com um foco incessante na ofensiva. Foi uma partida bem aberta e cheia de liberdade, com muitos ataques e contra-ataques – e esteticamente falando foi uma das partidas favoritas que joguei. O Brasil ganhou de 4 a 2.

Depois de vencer o Peru, a gente se reuniu no vestiário para ouvir o rádio. Um jogo apertado se desenvolvia na Cidade do México para determinar quem iríamos encarar na semifinal. Apesar da euforia que sentíamos pela vitória, você poderia ouvir um alfinete caindo naquele lugar. Ninguém dizia uma palavra – na verdade, ninguém tinha nem tomado banho ou trocado de roupa. Estávamos todos grudados na partida.

O tempo regulamentar tinha acabado em zero a zero, então o jogo ia para a prorrogação. Por fim, quando a prorrogação ia terminando, um dos times conseguiu marcar o gol da vitória.

No vestiário nós olhamos uns para os outros.
Sorrimos.
Nenhum de nós conseguia acreditar naquilo.
A gente ia jogar contra o Uruguai.

17 Na minha vida aconteceram muitas coisas que eu não

entendo direito. Você pode chamá-las de coincidências, mas acho que não é só isso. Não. Eu acredito que em alguns momentos da nossa vida Deus tem um plano. O Brasil jogar com o Uruguai numa semifinal, pela primeira vez numa Copa do Mundo desde aquele dia fatídico no Rio de Janeiro, vinte anos depois do fiasco no Maracanã que despedaçou os nossos corações – eu não sei se há uma explicação para isso. Veja bem, não acredito que Deus necessariamente se importe com quem jogou com quem no futebol; acho que ele tem assuntos mais importantes para lidar. Mas acho que Ele nos colocou em uma jornada, de modo que possamos crescer como indivíduos e ter uma apreciação ainda maior pelo amor Dele. E parecia apenas apropriado que um menino que chorou até caírem os olhos vinte anos atrás em Bauru, e que tinha prometido ao pai dele que iria buscar a revanche, tivesse agora a oportunidade de jogar contra o Uruguai numa grande arena do futebol. Só Deus podia explicar esse acontecimento. E um dia eu espero pedir a Ele uma explicação bem detalhada!

Cada um de nós na seleção tinha uma ligação pessoal com aquele jogo. Praticamente todos nós tínhamos ouvido a partida pelo rádio quando crianças e choramos depois com as nossas famílias. O Zagallo, é claro, tinha até estado em campo. Até mesmo os jogadores mais novos – alguns que eram até bebês naquele dia infame – compreendiam a importância daquela semifinal. E a imprensa brasileira... bem, eles também não iam nos deixar esquecer o que aquele jogo significava.

E no Brasil os jornais repetiam a história do Pelé aos nove anos de idade, aumentando ainda mais a excitação da torcida.

"Mesmo que a gente perca a Copa do Mundo, temos de derrotar o Uruguai", alguém da equipe falou. "Eles estão entalados nas nossas gargantas há vinte anos!", outro jogador disse.

Eu queria dizer que mantivemos o controle. Queria dizer que ignoramos a emoção e o sensacionalismo e que entramos em campo contra o Uruguai com a mesma calma que caracterizou os nossos outros jogos em 1970. Mas seria tudo mentira. A verdade era que estávamos numa confusão. A pressão era insuportável. E quando nos posicionamos em campo, por um momento parecia que a história iria se repetir e da pior maneira possível.

Nós começamos a jogar tropeçando em nós mesmos, perdendo a bola, fazendo passes sem sentido. Os Uruguaios adotaram uma postura ultradefensiva, com dez jogadores atrás na defesa e só um atacante na frente. Apesar disso, aos 20 minutos de jogo, a seleção uruguaia abria o placar – 1 a zero para eles. A preocupação voltou a tomar conta dos rádios e das TVs brasileiras – será que a história iria se repetir?

E mais uma vez, porém, contamos com a força uns dos outros. Os minutos iam passando e a gente manteve a calma, correndo a bola entre os jogadores. A nossa compostura voltou. Começamos a encontrar espaços para avançar. E em vez de cair de joelhos, estávamos indo para o ataque. Quase no último minuto do primeiro tempo, Clodoaldo recebeu um grande passe de Tostão e empatou o jogo.

No segundo tempo voltamos completamente a ser nós mesmos – o time que iria entrar para a história como "A Seleção Mais Bonita". Executamos nossos passes, fizemos chutes ousados e começamos a antecipar as jogadas bem antes que acontecessem. Em um lance do qual muita gente se recorda, eu recebi um belo passe do Tostão e enquanto corria pelo campo, enganei o goleiro dando um passo em falso. Eu consegui um ângulo, ainda que complicado, para mandar a bola para o gol. Infelizmente, a bola saiu pela esquerda. É mesmo uma coisa engraçada – os gols que eu perdi acabaram se tornando mais famosos que os que marquei! Mas meus companheiros fizeram por mim e em grande estilo. O placar final ficou em 3 a 1.

E quando saíamos do campo eu me senti novamente como um menino de 9 anos. Eu abri um sorriso imenso, assim como todo mundo na seleção brasileira. Todos nós sentíamos que uma injustiça cometida na nossa infância estava sendo corrigida, vinte anos depois daquele dia em que nós, crianças, fomos dormir chorando. Era uma tremenda sensação de vitória, algo que desafiava a razão – como se tivéssemos derrotado um dragão que sempre nos assombrou. Para fechar o ciclo e podermos comemorar completamente, só precisávamos vencer mais um jogo.

18 Até aquele o jogo da final a gente tinha enfrentado tanta coisa junto e unido que nós sentíamos que nada podia nos deter: nem mesmo a temida esquadra azurra da Itália.

Os italianos tinham uma tradição futebolística tão rica como a nossa. Cada um dos dois países havia conquistado duas Copas do Mundo. Em algumas coisas, os italianos eram o exato oposto da gente: eles jogavam um tipo de futebol orientado sem dó pela defesa, e jogando na retranca só tinha levado quatro gols até aquele momento – num total de cinco jogos. Alguns expectadores sentiam falta de espetáculo: um escritor inglês chamou os italianos de "forças das trevas" conta a nossa "luz" brasileira. Mas eu gostava da firmeza daquela seleção, da habilidade técnica deles e da paixão dos torcedores italianos pelo futebol. Seria uma final dos sonhos.

A final também seria um evento histórico. Anos antes a organização da Copa havia decidido que o país que vencesse três títulos mundiais teria o direito de guardar permanentemente a taça Jules Rimet. Era uma honra que também vinha acompanhada de uma história incrível. Como a Itália havia ganhado a Copa de 1938, o país estava com a taça quando começou a Segunda Guerra Mundial. O vice-presidente da FIFA, o doutor Ottorino Barassi, guardou a Jules Rimet numa caixa de sapato e a escondeu embaixo da cama para que não caísse em mãos erradas. Então, em 1966, o troféu foi roubado de onde estava em exibição, na Inglaterra, detentora do título daquela Copa. Seguiu-se uma caçada nacional que durou uma semana, até que um cachorro chamado Pickles (Picles) farejou algumas moitas em Londres e encontrou a Jules Rimet enrolada em jornal. Com você pode imaginar, com tudo o que a Jules Rimet passou a significar ao longo dos anos, era uma feito significativo para os dois países serem capazes de guardar o troféu e poderem se aposentar do futebol para sempre.

No dia do jogo, uma chuva torrencial se abateu sobre a Cidade do México, parando apenas antes do início da partida. Algumas pessoas diziam que a chuva tornaria o campo bagunçado, favorecendo um time com jogo mais defensivo como a Itália. Mas felizmente a chuva não foi capaz de neutralizar a nossa arma (agora) não tão secreta: a torcida mexicana. A grande maioria daqueles 107 mil torcedores barulhentos que apareceram no estádio Azteca torcia mais uma vez pela gente, movidos não só pelo orgulho latino-americano, mas também por uma boa dose de ressentimento: os italianos haviam eliminado o México por 4 a 1.

Assim que o jogo começou, todas as preocupações externas desapareceram. Nosso foco era o campo e os companheiros do time. Mais uma vez, para nossa completa alegria, estávamos jogando praticamente em sincronia. Depois de um lance brilhante criado por Tostão e Rivelino, eu dei um pulo – "como um salmão", segundo um jornal – para alcançar um passe alto na posição mais avançada diante do gol. Eu estava muito bem marcado por um zagueiro italiano, mas todos aqueles exercícios repetitivos e ridículos do Dondinho trouxeram resultado para um jogo da Copa do Mundo como aquele. Saltei e cabeceei no momento certo, colocando a bola fora do alcance das mãos estendidas do goleiro italiano, Enrico Albertosi, e abrindo o placar.

Brasil 1, Itália zero.

A Itália rapidamente empatou o jogo e o primeiro tempo fechou em 1 a 1. Quando fomos para o vestiário, continuávamos concentrados. Ninguém disse quase nada – não houve discurso de motivação. Confiávamos uns nos outros e sabíamos que as coisas funcionariam para a gente se continuássemos a nos esforçar e a jogar como uma equipe.

De fato, o segundo tempo da final em 1970 foi uma das coisas mais grandiosas da qual já tomei parte. Mesmo depois de tantos anos, ainda sinto arrepios de pensar no que aconteceu: a fusão de habilidade, boa liderança e trabalho de equipe. Pelos primeiros 20 minutos do segundo tempo a gente avançou e martelou sobre a seleção italiana, mas não conseguimos penetrar a defesa. Então, finalmente, um perfeito trabalho em equipe: Gérson rolou a bola para Everaldo, que mandou para Jairzinho – nosso gênio de fazer gols. Os italianos se apressaram para se fecharem sobre o Jairzinho, que, sem pensar em si, localizou o Gérson, que tinha encontrado um furo na defesa e se aproximava do gol. Gérson mandou um foguete indefensável para a rede. Brasil 2, Itália 1.

Apenas cinco minutos depois, faltando quinze minutos para o fim, Gérson botou o campo em movimento, mais uma vez penetrando a defesa italiana. E me vi quase em frente ao gol e ele me mandou um passe longo e alto. Saltei como havia feito no primeiro tempo, assustando o goleiro italiano. Mas em vez de mandar a bola na direção da rede, cabeceei de lado para o Jairzinho, que estava do outro lado do gol. Ele colocou a bola na rede com facilidade – tornando-se o primeiro jogador a marcar um gol em cada jogo de uma Copa do Mundo, um recorde que ainda se mantém.

Brasil 3, Itália 1.

Finalmente, a quatro minutos para o fim, veio um dos momentos favoritos da minha carreira. Mais uma vez eu acabei ficando com a bola na frente do gol. E talvez eu pudesse ter marcado aquele, mas em vez disso, pelo canto do olho, vi o Carlos Alberto se aproximando pela minha direita. O Carlos Alberto era um dos companheiros que jogava no Santos e um grande amigo. Ele atuava principalmente como zagueiro e não tinha muitas chances de marcar gol – principalmente em uma Copa do Mundo! Mas nesse caso, naquele dia abençoado, o Carlos Alberto tinha o caminho livre para a rede. Então eu passei a bola para ele, que prontamente fechou o placar.

Brasil 4, Itália 1.

Para mim, aqueles gols na segunda metade do jogo trouxeram a sensação de que um ciclo se fechava. Em minha primeira Copa do Mundo, em 1958, eu era o carinha correndo em direção à rede. Agora eu estava no papel que Didi havia desempenhando – armando as jogadas para os meus companheiros de seleção. Eu me senti muito orgulhoso; esse era o jogador que eu sempre quis me tornar.

Quando soou o apito final, uma multidão invadiu o campo. Eles me levantaram e levantaram o Gérson, o Jairzinho e o Carlos Alberto e nos ombros da multidão fizemos uma volta olímpica ao redor do estádio Azteca. De algum modo um sombreiro mexicano veio parar na minha cabeça – e eu o guardei e tenho até hoje, como uma relíquia valiosa, na minha casa no Brasil. A minha camisa se perdeu na confusão, mas era assim mesmo – e acho que isso me dava sorte. E agora era a vez de Tostão terminar quase pelado – a multidão havia arrancado dele a camisa e o calção, as chuteiras e até as meias! A gente ria e ria. Meia hora se passou até a multidão se acalmar e a gente lentamente se refugiar no vestiário.

Quase todos concordaram: o jogo tinha sido uma obra-prima. Mais tarde o técnico italiano disse: "os brasileiros jogaram como se tivessem asas". Tarcisio Burgnich, o zagueiro encarregado de me marcar ia dizer anos depois: "Antes do jogo eu disse para mim mesmo: 'ele é feito de pele e osso como todo mundo'. Mas eu estava enganado." O jornal britânico *Sunday Times*, o mesmo que me descreveu como "milionário triste" depois da Copa de 1966, soltou uma edição com esta manchete: Como se soletra Pelé? D-E-U-S.

Todo esse acerto de contas foi muito agradável. Mas meu momento favorito aconteceu no vestiário logo depois do jogo. Eu estava lá sentado, bebendo água com meus companheiros quando senti alguém batendo no meu ombro. Pensei que era mais um jornalista e nem olhei para trás.

Mas aí o Brito disse: "Cara, ei, é o Zagallo".

E aí olhei para trás e congelei. Nosso técnico estava ali parado, chorando lágrimas de felicidade. Para mim ele tinha sido a presença constante – o homem que sempre estivera ali comigo pelas três Copas que o Brasil venceu, primeiro como um companheiro de seleção e depois como meu técnico. A gente se abraçou longamente, batendo nas costas um do outro.

"A gente tinha que estar junto para nos tornarmos tricampeões", eu disse, soluçando. "Só com a sua participação isso podia acontecer. Muito obrigado".

19 E aquele foi o fim da minha participação na seleção nacional. Depois de jogar mais alguns amistosos de despedida em 1971, deixei a camisa amarela para sempre.

Mais uma vez a política tinha sido um fator na minha decisão. Depois que vencemos a Copa de 1970 o governo militar não parou de usar a nossa vitória como peça de propaganda para esconder os problemas reais do Brasil. Enquanto isso se multiplicavam as histórias que ouvíamos sobre torturas e desaparecimentos. Eu não posso dizer que a política foi a única razão para a minha aposentadoria da seleção brasileira, mas certamente foi um elemento de peso na minha decisão. Eu não conseguia suportar o fato de que o nosso sucesso estava sendo usado para acobertar atrocidades.

Olhando para o passado, eu lamento de não ter ido a público mais cedo para falar dos abusos que estava acontecendo nos anos 1960 e 1970. Acho que, por toda a minha vida, o meu desejo de me concentrar no futebol às vezes me tornou uma espécie de conservador – não no sentido político, mas na minha vontade de aceitar a situação das coisas. Eu estava sempre na pressa de entrar em campo e jogar, como fazia quando era criança, e em alguns momentos eu acreditei que, se não falasse de nossos problemas, eu poderia manter a política fora do futebol e me concentrar apenas no jogo. E isso, é claro, era uma fantasia.

Muitos anos depois, em 2011, acabei me encontrando à bordo de uma avião com Dilma Rousseff, aquela militante de esquerda que, como disse antes, estava sendo torturada pelos militares em 1970, enquanto a seleção se preparava para a Copa do Mundo. Agora, é claro, Dilma havia sido eleita democraticamente presidente do Brasil. Ela havia me indicado para ser o embaixador da Copa do Mundo de 2014 no Brasil. E enquanto conversávamos, acabamos falando do passado, de como era o Brasil e como eram as coisas então.

"O futebol promoveu o Brasil, mas também ajudou a esconder e acobertar muitas coisas.", me disse Dilma. "Nós queríamos que o Brasil pudesse ser tão bom fora de campo, na vida real, como era no futebol. Era por esse desejo que meus companheiros e eu lutávamos".

"Não éramos famosos como o Pelé", ela continuou. "Então tínhamos de chamar a atenção do povo por outros meios".

"E agora aqui estou eu, como presidente. E ainda estou tentando tornar o Brasil tão bom quanto ele poderia ser." Ela voltou a se recostar na poltrona e sorriu. "Quero dizer, você consegue entender a série de eventos que me trouxe até aqui?"

Eu dei risada. "Isso é algo que nós temos em comum", eu disse. "Eu me pergunto sobre nessas coisas o tempo todo".

ESTADOS UNIDOS, 1994

Eu entrei em campo vestindo terno e sapatos brancos, com uma gravata multicolorida, e senti uma das maiores emoções da minha vida.

Cerca de 94 mil torcedores gritavam, comemoravam e agitavam bandeiras, ansiosos pelo início da partida final da Copa do Mundo de 1994. O campo de futebol estava tomado de soldados, animadoras de torcida e pelas delegações, com bandeiras gigantes dos 24 países que participaram do campeonato.

De um lado, a seleção brasileira se aquecia, estava se preparando para o primeiro título deste 1970 – uma seca de 24 anos, o que, pelos nossos padrões, é uma eternidade. Do outro lado, os italianos. Era para ser uma revanche daquela final histórica na Cidade do México da qual eu participara e mais uma batalha de vida ou morte entre as prováveis maiores forças do futebol mundial.

Mas a minha emoção tinha pouca relação com as seleções. Não, o verdadeiro milagre daquela Copa do Mundo era o local onde estava sendo realizada a partida final: o mítico Rose Bowl, em Pasadena, Los Angeles, Califórnia.

"Senhoras e senhores", o locutor anunciou, "é uma honra apresentar um tricampeão da Copa do Mundo que representa mais para o futebol do que qualquer outro jogador. Ele também veio acompanhado de uma das intérpretes mais famosas do mundo. Com vocês, Whitney Huston e o grande Peeléééé!" Eu entrei de mãos dadas com Whitney Huston e corremos pelo campo, rindo e sorrindo um para o outro. Quando chegamos à metade do caminho ela me deu a bola de futebol que vinha carregando. Eu chutei a bola o mais forte que pude em direção às arquibancadas. A multidão delirou. E enquanto Whitney Huston subia ao palco para cantar eu fiquei ali, eufórico, ainda sem acreditar que aquilo tinha sido possível. O futebol podia estar se tornando popular nos Estados Unidos? Era mais fácil você acreditar que a Terra tinha sido tomada por marcianos. Como isso teria sido possível? Bem, através do trabalho duro de várias pessoas. Entre elas: Mick Jagger, Henry Kissinger, Rod Stewart, uma dupla de irmãos armênios e um magnata do entretenimento chamado Steve Ross e que era movido por uma visão monomaníaca, única e completamente desvairada. E eu, é claro. Sim, essa é uma história muito louca!

2 **No começo de 1972, ainda com a cantoria dos mexica**nos ecoando em meus ouvidos, eu estava pronto para começar a me afastar do futebol – desta vez para sempre. Eu só tinha 31 anos, mas o Dondinho e o professor Mazzei há muito já me alertavam sobre os perigos de jogar por tempo demais. Eles diziam que isso poderia trazer complicações físicas, tirar tempo precioso para estar com a família e me distrair das oportunidades que deveriam ocupar os anos que tinha pela frente.

Na verdade, o meu corpo estava em boas condições. Mas depois de quase 15 anos de futebol profissional, eu estava mentalmente cansado – principalmente por causa de todas aquelas viagens. Nosso filho, Edinho, tinha nascido apenas seis semanas antes do fim da Copa do Mundo de 1970 e eu comecei a sentir um forte impulso para ficar em casa. Eu sabia muito bem o que era ser um menino no Brasil – e me preocupava com a ideia de que, se não fosse um pai mais presente, ele poderia se perder na vida. Enquanto isso, a Rose se sentia cada vez mais solitária e confinada devido às demandas do esporte e da fama – naquela época, ela disse em uma entrevista que ficar em Santos enquanto eu estava em viagem era como "morar em uma gaiola".

Então começou uma longa – e eu quero dizer looooooo-onga – despedida. Eu me despedi primeiro da Seleção Brasileira, como havia planejado. A seleção queria marcar algumas partidas oficiais para mim, tanto no Rio de Janeiro como em São Paulo. Eu concordei, ainda que tivesse algumas reservas sobre a condução dos eventos. Com raras exceções, eu quase nunca ficava nervoso diante de um jogo importante, mesmo em finais de Copa do Mundo. Eu ficava tão calmo que muitas vezes tentava tirar vantagem do nervosismo dos adversários tentando algum truque com a bola – como aquele chute de meio de campo contra a Checoslováquia em 1970. Mas, nos jogos de homenagem e de despedida, eu sempre virava uma pilha de nervos. E não sei mesmo explicar o motivo. Talvez fosse porque naquelas partidas de despedida a atenção estava toda focada em mim e os jogos não fossem competitivos o suficiente para conseguir me concentrar direito no futebol. Seja qual for a razão, eu me sentia como uma criança esperando por Papai Noel na véspera de Natal. Mais estranho ainda: embora a minha memória seja geralmente boa, eu estava tão tenso durante aqueles jogos que não conseguia lembrar de mais nada depois da partida.

De qualquer forma, os recortes de jornal daquela época confirmam mesmo que aqueles jogos aconteceram – inclusive uma "despedida" final contra a Iugoslávia, diante de 180 mil torcedores fanáticos (onde mais?) no Maracanã. O jogo foi transmitido para o mundo inteiro – e os jornais disseram que na Espanha as touradas foram canceladas em Sevilha para que as pessoas pudessem assistir ao jogo na TV. No estádio as pessoas acendiam fogos de artifícios e abanavam lenços brancos. Quando o jogo terminou eu tirei pela última vez a minha camisa 10 e dei uma volta pelo estádio, seguido por um grupo de jogadores juvenis que representariam a geração seguinte de defensores do Brasil. A multidão gritava "Fica! Fica!"

Os gritos eram muito agradáveis, e também um alerta do que viria. Como eu já havia "me aposentado" e mudado de ideia em 1966, todo mundo estava certo de que a minha decisão não merecia nenhuma confiança. E acho que nisso a culpa era toda minha! E, claro, haveria todo tipo de esforço para me convencer a voltar a jogar a tempo de participar da Copa do Mundo de 1974, que iria acontecer na Alemanha Ocidental. Em todo lugar que eu ia os fãs me pediam para jogar. Por anos eu não podia dar uma entrevista coletiva sem que a questão viesse à tona. Um advogado até mandou uma intimação para um tribunal federal com a alegação de que eu estava "sob a jurisdição" da Confederação Brasileira de Desportos (órgão que seria sucedido pela CBF em 1979) e que poderia ser legalmente obrigado a jogar pelo Brasil! Essa alegação não foi levada a sério por nenhum tribunal, ainda bem. O novo presidente brasileiro da FIFA na época, João Havelange, continuou a me procurar até alguns meses antes da Copa de 1974, quando ele me mandou uma carta, que tornou pública, com um conselho para eu "rever" a minha decisão a tempo para o campeonato.

"Eu anseio", Havelange escreveu, "por aquela palavra motivadora que faria a esperança brotar como mato novo pelos campos verdejantes, que se tornam férteis pelo fervor que o povo brasileiro tem devotado ao esporte em que você se tornou um ídolo".

Uau! Com essas palavras era difícil dizer não. Zagallo, meu amigo e técnico de 1970, também me pediu para reconsiderar, dizendo que eu era a peça que faltava ao ataque brasileiro. Aumentando ainda mais a pressão, o novo líder do governo militar, o presidente Ernesto Geisel, declarou publicamente que me queria de volta à seleção brasileira. E quando ainda assim eu não me mexi, a própria filha do presidente Geisel veio me visitar em Santos. "Significaria muito para o Brasil e para o meu pai se você jogasse em 1974", ela disse. "Seria muito bom para o país".

Eu realmente me sentia muito lisonjeado por tais pedidos, mas a minha resposta se manteve firme: não, muito obrigado. Eu tinha minhas razões para me aposentar – tanto pessoais como políticas, como já disse. Tive a grande sorte de jogar em quatro Copas do Mundo, mas a última havia sido a melhor. Ao todo eu havia feito 47 gols para a Seleção Brasileira ao longo de toda a minha carreira, um recorde nacional que ainda se mantém. Eu tinha realmente encerrado a carreira na seleção. Havia sido uma verdadeira honra representar o Brasil e eu continuaria a fazer isso com muito orgulho pelo resto da minha vida. Mas não como jogador.

Depois que eu me desliguei da seleção, ainda tinha dois anos de contrato com o Santos. Os dias de glória do time dos anos 1960 já haviam passado – muitos dos meus velhos amigos, como Pepe e Gylmar Santos já haviam se aposentado. Parecia que agora havia um novo técnico a cada dia. O clube cometeu até o grande erro de despedir o meu conselheiro e amigo mais íntimo, o professor Mazzei. Um jornal descreveu o Santos em 1972 como "já foi um dia um grande time que costumava jogar um futebol interessante". Era um pouco severo, mas o autor tinha alguma razão. Em 1973 nós perdemos até de um clube inglês de terceira divisão, o Plymouth Argyle, pelo placar de 3 a 2. Enquanto isso o Santos parecia determinado a arrancar até o último centavo do público antes que eu fosse embora. A 18 meses da minha despedida nós viajamos pela América do Sul, pelo Caribe, pela América do Norte, Europa, Ásia e Austrália. Acho que o Timbuktu foi o único lugar onde não jogamos. Nunca em minha vida eu viajei tanto – foi o contrário do que eu esperava fazer depois do nascimento do Edinho. Eu havia então jogado mais de mil partidas pelo Santos àquela altura e as turnês constantes só reafirmavam a minha decisão – era hora de ir.

Apesar de tudo, a turnê de despedida do Santos foi tão impactante como a da Seleção Brasileira, ou mais. Para mim, um dos momentos mais emocionantes foi meu último jogo contra o Corinthians. Sempre me senti numa velocidade diferente quando jogava contra o "Timão" e em minha carreira eu tinha feito 49 gols em 49 jogos contra eles – uma média bem alta. Geralmente, quando jogava contra o Corinthians eu ficava 100% focado em fazer gols e celebrar mais uma vitória. Mas naquele dia, quando cheguei ao estádio em São Paulo para minha última partida contra eles, eu me emocionei ao ver os torcedores do Corinthians acenando bandeiras com o meu nome e comemorando como se eu fosse um deles. O clube conseguiria até um novo recorde de ingressos vendidos naquele jogo. E isso me lembrou de que como, apesar de nossos maiores adversários amarem os seus times, eles amam acima de tudo o futebol. Aquele amor era algo que unia torcedores e jogadores, não importava para qual time ou qual país eles jogassem.

O jogo final pelo Santos foi contra a Ponte Preta de São Paulo. Eu estava sentindo muitas dores – e, para ser franco, acho que em parte devido ao *stress* – e tinha feito todo tipo de tratamento para estar em condições de entrar em campo pela última vez. Eu mal conseguia andar. Mas quando o jogo começou eu me senti melhor. E até os primeiros vinte minutos do jogo eu não sabia exatamente o que ia dizer à multidão na hora da despedida. Então me vi pelo meio do campo e um dos meus companheiros me mandou uma bola alta.

E em vez de matar a bola no peito e mandá-la pro chão, como eu costumava fazer, eu peguei a bola com as mãos – cometendo o maior pecado do futebol. A multidão engoliu em seco. Os outros jogadores ficaram me olhando, sem saber o que dizer.

Era a minha maneira de dizer – É isso aí, gente. Acabou.

Eu corri até o centro do campo, ainda segurando a bola nas mãos, com as lágrimas rolando pelo rosto. Então eu me ajoelhei e estendi meus braços, como se fosse dar um abraço gigante. Eu queria agradecer a todas as pessoas ali presentes, a todos os que me apoiaram, a todos aos brasileiros e, é claro, a Deus. Eu estava a algumas semanas de completar 34 anos – e convencido de que nunca mais jogaria futebol professional novamente.

E no dia seguinte o *New York Times* escreveu: "Pelé, o mágico atacante brasileiro geralmente considerado o melhor jogador de futebol do mundo, começou a lenta mudança que o transformará em Edson Arantes do Nascimento, o rico e jovem empresário brasileiro, agradável companheiro de caçadas e pescarias, marido devoto e pai de duas crianças".

Bem... essa era a ideia.

3

Nas primeiras semanas depois que me aposentei do Santos, as pessoas começaram a falar de mim como se eu tivesse morrido. Amigos, antigos companheiros de time, jornalistas e outras pessoas vinham até a minha casa em Santos para dizer que eu não deveria me preocupar, que eles sempre continuariam vindo me ver. Todo mundo me perguntava se eu estava bem. É claro que eu estava bem, eu dizia para eles! Mas as pessoas continuaram a me perguntar e tantas vezes que eu comecei a refletir: será que estou mesmo bem?

Rose e eu, ansiosos por começarmos a viver uma vida "normal", tentamos ir aos restaurantes de Santos. Isso era meio arriscado – com raras exceções, fazia uma década que a gente não saía de casa, por medo de ser tomado de assalto por uma multidão de pessoas querendo nos desejar os melhores votos. Até mesmo na aposentadoria, ir para a rua demandava alguma força de vontade. Toda vez que íamos conhecer algum lugar novo éramos sempre cercados pelas pessoas. Elas vinham até a nossa mesa e queriam conversar sobre os meus três gols contra a França em 1958, sobre o Garrincha, queriam saber qual era o meu pé mais habilidoso, o direito ou o esquerdo... e por aí seguia a conversa. Eu me sentia contente por estar ali sentado e reviver esses momentos com as pessoas noite adentro. Mas não era para isso que havíamos saído de casa, então a Rose ficava compreensivelmente irritada. Ainda assim, continuamos a sair de casa, e quando visitávamos um restaurante pela segunda vez as pessoas geralmente se limitavam a pedir autógrafos. E numa terceira vez elas simplesmente acenavam de longe.

Eu tentei dividir o meu tempo entre a família e os meus negócios. Uma tarde, meu parceiro naqueles negócios, Edvar, veio me pegar para uma viagem a São Paulo. Quando eu estava saindo de casa a minha filha, Kelly Cristina, correu na minha direção e disse: "Então, pai, está saindo de novo?"

Eu fiquei ali parado, em silêncio, sem saber o que responder.

Até que o Edvar se manifestou. "Bem, sim, é isso mesmo. Mas, sabe, Kelly, desde que seu pai parou de jogar futebol ele vai ter mais tempo para ficar com você".

Kelly colocou as mãos nos quadris. "Hmm, eu quero só ver isso!" Ela tinha apenas sete anos. Mas já conhecia o pai dela. E talvez melhor do que eu me conhecia.

4 **Eu tentei de todas as formas viver uma boa vida depois do futebol.** E isso incluía algo que teria horrorizado completamente o Edson de nove anos de idade: voltar para a escola. Desde o fim da minha infância a família, os amigos e os meus mentores vinham falar comigo sobre a falta de uma educação formal. Todos eles concordavam que isso viria me assombrar um dia – independentemente de eu ser ou não o atleta mais famoso do mundo. Waldemar de Brito, o treinador de Bauru da minha juventude era particularmente inflexível: "Dico", ele dizia, "você nasceu para jogar futebol, não há dúvida sobre isso. Mas a sua carreira vai terminar quando você estiver no melhor momento da sua vida. E então você vai precisar da escola!"

Eu também estava ciente do fato de que as crianças de todas as partes do mundo buscavam inspiração em mim. Eu havia aceitado a responsabilidade que vinha com o fato de ser um modelo de comportamento. Então, que tipo de mensagem eu passava se o Pelé nunca havia terminado o ensino médio? Todo mundo sabia disso, gente de todos os cantos do planeta, e eu me sentia envergonhado, era como se tivesse desapontado as pessoas. Por volta daquela época, uma revista na Suíça tinha provocado alguma polêmica quando publicou uma caricatura minha na capa com a chamada: "Nós pais precisamos nos perguntar logo se há algum sentido em deixar nossos filhos irem estudar".

Quando me aproximei dos 30 e comecei a pensar mais sobre como a minha vida ia ser depois do futebol, percebi que o tempo para lidar com esse problema estava se esgotando. Era como se alguma coisa básica estivesse faltando em minha vida. Ao longo dos anos, em minhas viagens eu tinha encontrado todo tipo de pessoas que me inspiravam: Papas e professores, políticos e doutores. Eu tentava acompanhá-los, mas às vezes era muito difícil entender o que diziam. Eu não pensava que era falta de inteligência ou de bons instintos; mas me faltava educação formal e eu sabia que o problema só ia piorar com o tempo. Então eu decidi que faria uma graduação em educação física numa universidade de Santos. Não seria muito complicado – afinal de contas, era o mesmo campo em que eu vinha atuando nos últimos 15 anos! Mas é claro que para entrar numa universidade eu precisava antes aprender todas as coisas que não tinha visto no colegial.

Assim, enquanto ainda jogava pelo Santos, passava meus dias livres, e um monte de noites após os jogos, estudando tão firme como podia. Foi um grande desafio – honestamente, quando comecei a jogar futebol nos anos 1950 eu mal sabia escrever o meu nome num autógrafo. Mas o professor Mazzei esteve sempre me acompanhando, ajudando nas lições e me incentivando, como sempre fizera.

Eu superei o meu nervosismo e passei nos exames, e consegui meu certificado de conclusão do colegial. Eu estava orgulhoso, mas não havia tempo para comemorar – passei outro ano inteiro me preparando para o vestibular, o que incluía questões de História do Brasil, Matemática e um teste de resistência física. Agora, você imaginaria que esse último assunto seria o mais fácil para mim, mas quando chegou a hora eu quase reprovei. Por quê? Bem, o teste incluía um exercício de natação numa piscina de 25 metros. Eu passei muito tempo pescando no rio Bauru quando era criança, mas nunca tinha aprendido de verdade a nadar. Eu quase me afoguei naquele dia!

E depois de três anos de trabalho duro, consegui o meu diploma. No fim, eu estava feliz por ter conseguido. Não era tanto pelas crianças, pelos fãs ou por meus mentores. Mas porque eu tinha feito aquilo por mim mesmo. E me tornei um homem melhor.

5 Ah, se eu tivesse aprendido Matemática alguns anos antes.

Pouco tempo depois do meu último jogo com o Santos, chamamos alguns auditores para darem uma olhada completa no meu patrimônio. Eu tinha sido prudente ao longo dos anos, investindo grandes somas de dinheiro que havia conseguido jogando futebol e pela publicidade em vez de ter torrado em carros e mansões. Eu nunca me esquecia de que a carreira de um atleta podia ser encerrada a qualquer momento, e não queria ter de me preocupar com minhas finanças depois que me aposentasse. Eu tinha acumulado propriedades, negócios locais e tinha feito vários investimentos diversificados, exatamente como as pessoas haviam insistido que eu fizesse. Agora que a minha carreira de jogador estava encerrada de vez eu teria tempo para finalmente me dedicar completamente aos meus negócios. Assim, por que não ter um panorama de tudo o que possuía e uma ideia do valor de todos os bens?

Eu ainda me lembro do suor na testa do contador quando ele entrou no meu escritório. Parecia que ele estava prestes a desmaiar. Senti na hora que alguma coisa estava errada e tentei aliviar o clima com um pouco de alegria.

"E aí", eu disse sorrindo, "quantos milhões nós temos?"

O contador ficou pálido. Eu deveria ter chamado um médico ali mesmo.

"É complicado", ele disse.

Na verdade, não era nem um pouco complicado. Eu não tinha milhões. Eu *devia* milhões. Enquanto tinha acumulado vários bens, eu não tinha prestado muita atenção no que eram esses bens – eu deixei que outras pessoas fizessem isso. Havia uma empresa que praticamente cancelava todas as coisas boas que havíamos conseguido. Ela se chamava Fiolax, uma fabricante de peças de borracha. De forma imprudente, eu assinei um documento como garantia de um empréstimo ao banco, garantindo também as obrigações, ainda que eu não fosse um sócio majoritário. Quando a empresa não conseguiu pagar o empréstimo, o banco veio atrás de mim. Também havia uma multa porque a empresa havia violado algum regulamento de importação. No fim das contas, a empresa devia alguns milhões de dólares e eu havia sobrado com a conta.

Você pode perguntar: Edson, como você pôde ser tão imbecil? Bom, uma questão melhor seria: como você pôde ser tão imbecil duas vezes? Lamento dizer que não era a primeira vez que aquilo acontecia comigo. Quase uma década antes, em meados de 1960, eu descobri de repente que estava afundado em dívidas. Naquela ocasião eu assinei procurações para um homem que pensei que fosse meu amigo e que tinha prometido que ia cuidar dos meus negócios para mim. Um dia, alguns meses antes do meu casamento com a Rose, esse homem aparece para me pedir dinheiro – o que eu achei meio esquisito, já que eu tinha dado muito dinheiro para ele. Aquilo me levou a uma séria de dúvidas e investigações, que terminaram na descoberta de que eu estava sem um tostão.

Os dois episódios tinham muito em comum. Nos dois casos eu confiei em pessoas que acreditava serem meus amigos, mas que apenas queriam dinheiro e fama para si mesmos. Nos dois casos a minha vontade de me concentrar no futebol – e só no futebol – acabou me deixando descuidado e imprudente com o meu patrimônio. Nos dois casos, algumas pessoas correram para declarar falência e escapar de empréstimos mal feitos. E nos dois casos eu decidi que era importante honrar minhas dívidas completamente. Fiz isso em parte porque queria dar um bom exemplo e em parte porque aquilo tudo era muito embaraçoso. Ninguém acreditaria que o Pelé, de todas as pessoas do mundo, estava realmente falido – e provavelmente pensariam que eu estava praticando algum golpe.

Nos dias de hoje, as histórias de atletas profissionais que perdem suas fortunas parecem tão velhas quanto a Bíblia. Mas naquela época, porém, aquilo parecia impensável. Eu era uma das primeiras grandes estrelas globais do esporte a fazer milhões com publicidade, eu era também um dos primeiros a perder tudo o que tinha. Ninguém foi compreensivo comigo – na verdade, algumas pessoas pareciam ter um estranho prazer com o meu infortúnio, uma emoção que eu nunca consegui entender. A minha situação era inédita e eu teria de lidar com ela sozinho.

A primeira vez que isso aconteceu eu fui até a diretoria do Santos Futebol Clube e pedi dinheiro para pagar minhas contas imediatas. Eles concordaram desde que eu assinasse um contrato que fosse favorável ao clube. Eu não tinha escolha a não ser aceitar. Ao longo de muitos anos eu consegui pagar o dinheiro que devia. Com a ajuda de vários acordos de publicidade eu comecei a reconstruir o meu capital, um passo de cada vez. Até, claro, minha casa cair de novo.

Então – como eu poderia conseguir dinheiro agora? Bem, eu claramente não era grande coisa nos negócios. Isso era bem óbvio! Felizmente, porém, havia sobrado uma coisa neste mundo em que eu ainda era bom.

6   A primeira vez que ouvi falar do New York Cosmos foi
numa festa de encerramento da Copa de 1970, na Cidade do México, quando encontrei dois irmãos armênios. Os irmãos Ertegun me contaram rapidamente do desejo deles de criar um time de futebol para a cidade de Nova York. "Estamos numa das maiores cidades do mundo e vamos criar o melhor time de futebol do mundo", disse um dos irmãos. Era um conceito interessante, mas devo admitir que prontamente me esqueci da coisa toda. Parecia uma daquelas ideias malucas que você ouve em uma festa depois que todo mundo já bebeu um pouco demais.

O Cosmos só surgiria oficialmente no ano seguinte, em 1971 – e por um tempo parecia um clube destinado ao fracasso. O time jogava na Liga de Futebol Norte-Americana, a NASL, que pela segunda vez tentava organizar o futebol profissional nos Estados Unidos. O Cosmos tinha uma equipe administrativa de apenas cinco pessoas e o os jogadores mais bem pagos recebiam 75 dólares por jogo. Em um dia movimentado o time reunia um público de 5 mil pessoas em um campo de futebol decadente em Randalls Island, uma estreita faixa de terra entre os bairros de Manhattan e Queens em Nova York. Os jogadores trabalhavam na construção civil, em restaurantes ou dirigiam táxis. Na verdade, era um grupo semiprofissional, que cuja fama dependia do boca-a-boca dos torcedores e com um futuro incerto.

Nos Estados Unidos o futebol sempre foi algo difícil de vender. Para os americanos o futebol parecia muito "estrangeiro" ou "elitista". Eu nunca entendi esse estigma, que não existia em nenhum outro lugar do mundo. Como já disse, o futebol é um dos jogos mais democráticos, qualquer um pode começar a jogar de imediato. Não importa quanto dinheiro você tem, se é grande, se é rápido nem quantos amigos você consegue reunir para jogar, você arma uma partida de futebol em segundos. Já a maioria dos esportes populares nos Estados Unidos – como futebol americano, baseball e golfe – demanda todo tipo de equipamento caro e muitas vezes um campo construído especificamente para o jogo. E o futebol que é elitista?

Olhando em retrospecto, acho que o maior problema do futebol nos Estados Unidos era algo mais relevante e bem visível: não tinha muita qualidade. O público americano sempre quer o melhor e geralmente recebe o melhor quando assiste a baseball, basquete, boxe, hóquei no gelo ou futebol americano. Eles podiam ligar a TV ou ir ver ao vivo o futebol americano de Joe Namath, o baseball de Hank Aaron, os golpes do Muhammad Ali ou as cestas do Kareem Abdul--Jabbar. Mas quando iam ver um jogo de futebol profissional, geralmente encontravam algum italiano, colombiano ou polonês do qual nunca tinham ouvido falar, que não figuravam no ranking dos melhores jogadores do mundo. Assistir a um produto medíocre não era muito divertido. E, claro, havia a questão do ovo e a galinha: poucos americanos gostavam de futebol, então poucos americanos jogavam bem, então poucos americanos gostavam, e por aí ia.

Os problemas enfrentados pelas ligas de futebol profissional refletiam esse círculo vicioso. Bill MacPhail, que era o diretor da CBS Sports – a divisão de esportes da rede de TV CBS –, tentava explicar por que as ligas de futebol não deram certo, mesmo com o dinheiro que vinha com os direitos de exibição pela TV: "Os estádios ficavam vazios, o que tornava difícil transmitir a emoção do jogo", MacPhail disse. "Os jogadores tinham nomes que soavam muito estrangeiros, os rostos não eram conhecidos e você não os distinguia pelo desempenho em campo." E como as partidas não empolgavam, alguns torcedores não se importavam em compreender os detalhes que faziam do futebol um jogo interessante, como alguém exposto a bandas de garagem não apreciaria Bach ou Beethoven. Como escreveu a revista *Sports Illustrated* em 1973: "Uma plateia americana típica poderia ignorar a habilidade de um passe ou um drible e então comemorar um chute 40 metros que não chegasse nem mesmo a bater na trave, exatamente como um europeu comemoraria quando no baseball o rebatedor mandava uma bola muito alta.

Ainda assim, havia potencial. Você tinha de procurar, é verdade, mas ele estava lá. Por exemplo, a história dos americanos no futebol não é tão desoladora como muita gente imagina. Na Copa de 1950, o Uruguai derrotar o Brasil no Maracanã não foi a maior zebra daquele torneio. Os Estados Unidos chocou a Inglaterra, o berço do futebol moderno, com um placar de 1 a zero diante de uma plateia de dezenas de milhares de pessoas em Belo Horizonte. O gol da vitória foi marcado por Joe Gaetjens, um haitiano que na época trabalhava nos Estados Unidos e que teve permissão para defender a seleção americana porque tinha demonstrado interesse em se tornar cidadão americano. (Ele nunca chegou a se naturalizar.) Esse resultando foi um choque tão grande que quando o *New York Times* recebeu um telegrama com o resultado da partida, ele não publicou de imediato, pensando que era um trote. Ao escrever sobre o jogo 50 anos depois, o *Times* declarou que esse ainda permanecia sendo "uma das maiores zebras do esporte".

Quatro décadas iriam se passar até os americanos voltarem a ter um sucesso parecido numa Copa do Mundo. Mas nesse meio tempo outras coisas interessantes também estavam acontecendo. Em nível universitário o jogo estava ganhando novos convertidos. Graças às mudanças sociais que aconteceram nos Estados Unidos entre os anos 1960 e 1970, mulheres e garotas começaram se interessar pela prática do futebol, bem mais do que aconteceu na Europa ou na América do Sul. Igualmente importante, havia um grupo de pessoas bem poderosas no meio dos negócios e da mídia que também começavam a ter um forte interesse no futebol.

Uma dessas pessoas era Steve Ross. Steve era o diretor da Warner Communications e um homem que passou a vida inteira se arriscando muito e inovando muito. Seu império incluía a Atlantic Records, gravadora de artistas como Led Zeppelin e Crosby, Stills e Nash; estúdios de Hollywood com talentos como Steven Spielberg e Robert Redford; e até uma empresa, a Atari, que estava fabricando aquelas novidades chamadas de videogames. Ross se interessou por futebol através dos irmãos Ertegun, que dirigiam a Atlantic. Em pouco tempo, Ross ficaria obcecado com a ideia de fazer do futebol um esporte popular nos Estados Unidos.

Por quê? Com tantos "brinquedos" que Steve tinha à sua disposição, com acesso a celebridades, música e outras artes, por que de todas as coisas possíveis, justo o futebol se tornaria seu interesse do coração? Anos depois o Steve me explicou. Ele disse que teve os mesmos preconceitos que a maioria dos americanos tinha contra o futebol: era muito lento, muito "estrangeiro" e era muito difícil compreender o que acontecia em campo. Mas no momento que ele começou a prestar atenção no jogo e alguns amigos lhe explicaram como funcionava, ele percebeu a fascinação aquele esporte trazia. E imaginou que precisaria apenas das condições certas para fazer sucesso. Em outras palavras, ele olhava para o futebol como um empresário e isso era exatamente o que ele era e um dos muito bons. Ele percebeu uma demanda não atendida, percebeu um bem com potencial de se valorizar e tomou como sua missão pessoal fazer o futebol encontrar o sucesso, fizesse sol ou fizesse chuva.

Depois de o Cosmos ter sobrevivido às primeiras temporadas, trocando tantas vezes de estádio e sem conseguir causar sensação, Steve comprou o time de seus investidores iniciais pelo grande valor de 1 dólar. E então, sem nenhuma razão aparente além de sua paixão e sua determinação, Steve decidiu colocar todo o poder comercial e de marketing da Warner Communications por trás do time. Ele não faria do Cosmos apenas um vencedor, mas traria um "novo" esporte de massa para o público americano.

Steve Ross e a sua equipe acreditavam no futebol. Eles sabiam que o esporte em si era um sucesso. E pensavam que para torná-lo popular precisavam apenas melhorar a qualidade do jogo. Para isso acontecer eles acreditavam que precisavam de uma estrela que fosse uma marca. E haviam ouvido sobre um carinha lá no Brasil que aparentemente era muito bom.

7 A ideia não me empolgou a princípio.
Sejamos francos: era algo absurdo!

O diretor geral do Cosmos, um antigo escritor britânico de assuntos esportivos chamado Clive Toye, estava tentando me recrutar desde 1971, apenas um ano depois da Copa do Mundo no México. Eu ainda estava no Santos naquela época e o Clive veio até o hotel onde o time se hospedou para um jogo na Jamaica. Ele me encontrou nas espreguiçadeiras à beira da piscina, sentado ao lado do professor Mazzei.

"Queremos que você traga o futebol para a América", Clive disse, nervoso demais para conseguir respirar. "Nós achamos que você é o homem ideal para fazer isso. Dinheiro não é problema."

Clive resumiu algumas condições básicas da proposta. Ele ficou lá sentado, falando enquanto o professor Mazzei traduzia. Devo confessar que naquele primeiro encontro eu não estava prestando muita atenção. Eu não queria parecer mal educado, mas é preciso entender – eu vinha recebendo propostas para jogar fora do Brasil havia uma década. Muitos dos melhores times da Europa, incluindo o Milan e o Real Madrid tinham feito propostas entusiasmadas ao longo dos anos. Eu me sentia lisonjeado, é claro, mas toda vez que surgia alguma especulação sobre a possibilidade de eu sair do país a imprensa brasileira simplesmente enlouquecia.

Isso foi antes do tempo em que os melhores jogadores da América do Sul passaram a jogar na Europa – todos os 11 titulares da seleção de 1970 jogavam em clubes brasileiros, acredite se quiser. Então muitos comentaristas me acusaram de ser um oportunista e até mesmo um traidor da nação, bem de acordo com a filosofia de "Brasil: ame-o ou deixe-o" que caracterizava aqueles anos de ditadura. A imprensa não era a única a ficar nervosa – em um momento o governo brasileiro até me declarou "tesouro nacional", o que levou as pessoas a dizerem que isso me impediria de sair do país para jogar no estrangeiro.

O engraçado era que eu nunca tinha levado a sério a ideia de jogar futebol fora do Brasil. Eu tinha meus motivos: em resumo, eu adorava o arroz e feijão da minha mãe. É algo bem brasileiro dizer isso, mas é como a gente se sente feliz e confortável no nosso país, e eu sempre me senti assim aqui. Permanecendo no Santos eu poderia jogar no clube que, por anos e anos, seria o melhor do mundo. Eu tinha minha mãe e meu pai morando numa casa a algumas quadras do nosso apartamento. A Rose e as crianças estavam bem felizes morando na cidade de Santos. Lá fazia sempre um calor de

26 graus e havia a praia maravilhosa logo em frente. E jogar pela seleção brasileira e pelo Santos, nas frequentes viagens para o exterior, oferecia todas as oportunidades para poder comparar a minha habilidade contra os grandes jogadores da Europa e de qualquer outro lugar. Então, claro, por que raios eu iria sair do país?

Mesmo que me despertasse uma paixão por viajar e por jogar futebol em outro lugar, os Estados Unidos dificilmente seriam o primeiro lugar para onde eu iria. Não me leve a mal – eu amo o país. Amo da liberdade dos americanos: a liberdade de criar a sua família em paz, a liberdade de fazer negócios e ganhar dinheiro, a liberdade de andar sem temer pela segurança. Era um lugar onde você poderia ir atrás dos próprios sonhos sem que ninguém – o governo ou os grandes empresários – ficasse no seu caminho. Deve ser uma ideia bem natural para os americanos, mas para um brasileiro e para as pessoas de muitos outros países era uma revelação incrível. Eu me lembro de visitar Los Angeles com a Rose nos anos 1960 e de cruzar o Hollywood Boulevard. E enquanto a gente caminhava eu fiquei embriagado com a aparência de prosperidade e de tranquilidade. Poder andar pela rua sem ser cercado pelas pessoas também ajudava. Eu abracei a Rose e a levantei no ar, gritando: "Estou livre! Livre!"

Mas futebol nos Estados Unidos? Parecia mais aquele vidro de palmito que nunca vai abrir na sua mão. O Cosmos parecia ter mais em comum com um time amador do que com os competidores de alto desempenho com quem eu estava acostumado a jogar no Brasil ou na Europa. E apesar de todas as promessas de Clive eu era meio descrente dessa ideia bem americana de que você poderia comprar qualquer coisa de que precisasse. E como levar o Pelé para os Estados Unidos iria magicamente criar interesse no futebol em um país que já tinha quatro das maiores ligas esportivas do mundo? Parecia muito absurdo.

Até eu estava subestimando o poder do futebol.

8

Clive Toye me perseguiu por anos, obsessivamente, como uma espécie de caçador maluco – eu era Moby Dick e ele era o capitão Ahab, eu era o Pernalonga e ele era o Hortelino Troca-Letras. Ele até escolheu as cores do Cosmos, amarelo e verde, as cores da nossa seleção, pensando que isso ajudaria a me conquistar. Não importava quantas vezes eu educadamente dissesse não ou quantas vezes eu havia dito com todas as letras que eu nunca, jamais, iria sair do Brasil, ele sempre aparecia de novo, à espreita no saguão do hotel ou se esgueirando nos intervalos das minhas partidas. Cada vez ele agia como se a gente nunca tivesse conversado antes. "Nós temos este time incrível que estamos montando em Nova York", ele começava, como se fosse a primeira vez que a gente se encontrava. "Achamos que você deveria vir jogar com a gente por uns três anos".

Eu sorria e prestava atenção, mas não queria dar a ele nenhuma falsa esperança. "Muito obrigado, mas estou muito contente no Brasil", eu diria. "E em 1975 eu vou me aposentar do Santos e do futebol".

E foi exatamente o que acabei fazendo. Mas então o Clive continuou me fazendo as propostas. E eu continuei recusando todas elas – até começar a pensar, *hmm*, talvez jogar na cidade de Nova York não fosse assim uma ideia tão maluca afinal.

Não vou tentar disfarçar. Um grande motivo para minha mudança de pensamento foi aquela terrível visita do meu contador no final de 1974. Eu devia milhões, estava determinado a pagar minhas dívidas e eu sabia que jogar futebol era de longe a melhor coisa que eu podia fazer. Os valores que Clive havia mencionado correspondiam a um dos contratos mais lucrativos da história de qualquer esporte.

Um dos melhores argumentos de Clive tinha relação com a oportunidade única de levar o futebol aos Estados Unidos. "Jogue no Real Madrid e você conquistará um campeonato", ele dizia. "Jogue em Nova York e você conquistará um país." E é verdade que essa perspectiva ressoou profundamente em mim – o Cosmos estava oferecendo não apenas uma oportunidade de jogar futebol, mas de mudar toda a cultura de um dos maiores e mais importantes países mais do mundo.

Isso era importante e não só para os Estados Unidos, era o que eu acreditava. Conseguir fazer os americanos embarcarem no futebol traria efeitos positivos para todo mundo. Afinal de contas, os Estados Unidos era o lar não só de milhões de torcedores com dinheiro, mas também onde ficava Hollywood e a maioria das grandes empresas do mundo. Através dos trabalhos de publicidade que fiz para a Pepsi e outras empresas eu tinha visto em primeira mão como o dinheiro das corporações americanas podia ser usado para fazer coisas boas no mundo; por exemplo, criando escolinhas de futebol e construindo ginásios e estádios em comunidades pobres. Eu tinha visto como as empresas estavam cada vez mais interessadas em desenvolver oportunidades e encontrar novos mercados para além de suas fronteiras. Estava claro que essa era uma força tremenda. Se pudéssemos fazer o povo americano se interessar pelo futebol, as empresas americanas também se interessariam. E o resultado disso seria bom para os jogadores brasileiros e para os jogadores de outros países. Esse era um desafio imenso, mas eu pensava que se conseguisse realizá-lo eu teria feito alguma coisa da qual poderia me orgulhar para sempre.

A possibilidade de viver nos Estados Unidos também tinha um grande apelo para a minha nova paixão: a educação. Meus filhos eram pequenos o suficiente para aprender inglês e se tornarem fluentes, algo que os ajudaria por toda a vida. Rose disse que estava animada com a possibilidade de morar em outro país e conhecer um mundo bem diferente daquele de Santos. Eu também sabia que morar num dos países mais ricos do mundo também me ensinaria algumas lições sobre como os negócios funcionavam. Não era bom? Talvez eu finalmente pudesse adquirir a capacidade de ganhar milhões de dólares sem imediatamente perdê-los.

Outra vantagem: um certo grau de anonimato. Eu tinha jogado algumas partidas de exibição com o Santos nos Estados Unidos, como parte das nossas turnês pelo mundo, e encontrei muita gente que sabia quem eu era. Recebi até o título de cidadão honorário da cidade do Kansas quando o Santos jogou lá no início dos anos 1970! Mas não era como no resto mundo, onde praticamente todo mundo me reconhecia de longe. Na América, mesmo o povo do futebol muitas vezes nem sabia pronunciar o meu nome, e me chamavam de "Piil" ("*Peel*"). Eu não queria ir para um lugar onde eu fosse um completo desconhecido – isso iria na contramão de todos os meus objetivos – mas os Estados Unidos pareciam oferecer um excelente meio termo entre certo anonimato e a conhecida loucura dos fãs. Afinal, os Estados Unidos já tinham tanta gente famosa no cinema e nos esportes. E se a ideia de me mudar para a cidade de Nova York para ter um pouco de paz e tranquilidade soava estranha, bem, qualquer um que tivesse acompanhado minha vida nas duas décadas anteriores seria capaz de entender.

Por último, às vezes são os pequenos incidentes em nossas vidas e as pessoas que encontramos que acabam tendo um grande peso nas decisões que tomamos. Uma manhã em Bruxelas, na Bélgica, o Clive apareceu no meu hotel – sorrateiro, sorrindo, cheio de bom-humor, como sempre fazia. Naquele tempo eu já estava aposentado do Santos e tinha jogado na noite anterior uma partida de caridade organizada para o capitão da seleção belga, o grande Paul Van Himst, que estava se aposentando. Clive "se convidou" a entrar o meu quarto e teve que guardar o discurso no bolso diante da procissão de craques internacionais – gente como Rivelino e o português Eusébio – que havia invadido o meu quarto para um abraço de despedida.

"Vamos lá, Pelé, apenas três anos", Clive estava implorando.

Àquela altura eu tinha algum interesse nas coisas que aquele homem dizia. Mas eu me lembro de que naquele dia eu estava com pressa de deixar a Bélgica e voltar para a minha família no Brasil. Estava com tanta pressa que quando me abaixei para pegar a minha mala, abri um buraco enorme no fundilho das minhas calças!

Eu liguei para o serviço de quarto e perguntei se podiam mandar alguém que pudesse fazer uma costura rápida nas minhas calças. Eles mandaram subir uma camareira, que pegou minhas calças e levou embora. Clive ainda estava tentando me convencer quando minutos depois batiam na porta.

Era a camareira novamente. Ela trazia minhas calças numa mão e uma câmera fotográfica na outra. Lágrimas escorriam pelo rosto dela.

Ela entrou no quarto tremendo e entregou uma câmera ao Clive. "Por favor", ela disse numa vozinha rouca, "o senhor poderia tirar uma foto minha ao lado do Pelé?"

A camareira – cujo nome eu vergonhosamente não consigo lembrar – contou para a gente que o marido havia comprado um ingresso para o jogo da noite anterior. Era a primeira vez que ele iria ver o Pelé jogar. Mas, infelizmente, duas semanas antes do jogo ele sofreu um infarto e morreu. Então o filho dela pegou o ingresso e foi assistir ao jogo no lugar do pai. A camareira queria uma foto para dar ao filho como uma espécie de lembrança do pai.

Na metade da história eu já estava chorando. Quando ela terminou eu estava tremendo e soluçando. A história era trágica e senti uma grande empatia por aquela mulher e pelo filho dela; também me lembrou das profundas ligações que eu havia criado com tantas pessoas ao longo dos anos como jogador de futebol. Eu estava aposentado havia alguns meses, mas aquela sensação antiga refluiu pelo meu corpo: calorosa, romântica, vibrante. A sensação que me lembrava do meu verdadeiro lugar neste mundo. Então eu percebi que apesar de todas as desconfianças que mantinha sobre a fama, a verdade era que eu sentia muita saudade da parte mais elementar e recompensadora de ser um atleta – a cumplicidade com os meus fãs. E não era tarde demais para reconquistar aquilo.

Depois que a camareira contou a história e Clive tirou várias fotos dela comigo, ela ganhou um beijo de despedida e deixou o quarto. Então eu me virei para o Clive:

"Tá bom", eu disse, "eu vou jogar pelo Cosmos".

Clive arregalou os olhos como se fosse uma criança ganhando presente no Natal: "Sério?"

Eu concordei, sorrindo.

Ele começou a correr pelo quarto – histérico, aos trancos, chacoalhando os braços, completamente sem saber como reagir. Era como se ele nunca tivesse pensado a sério na possibilidade de eu dizer sim! E agora, o que fazer? A essa altura eu já estava mesmo gostando do Clive, então disse para ele relaxar e apenas fazer o que precisava ser feito.

Por fim, ele conseguiu me fazer assinar uma folha de papel de carta do hotel onde eu expressava minha intenção de jogar pelo time. Não seria algo tão simples, é claro – teríamos de negociar um contrato de verdade, passando pelos nossos agentes e intermediadores e todas aquelas coisas. Mas aquela folha de papel assinada era um começo. Depois de muitos anos, Clive ainda guardava aquele pedaço de papel num moldura em seu escritório – aquele papel de carta com o cabeçalho do hotel: *G. B. Motor Inn, Brussels*.

Imagine: eu, uma criança pobre do Brasil, sendo convencida a sair da aposentadoria por um inglês que trabalhava para um time americano de futebol – e com uma belga para me dar o golpe final! Eu não estava mais naquele mundo que vi pela primeira vez quando era um adolescente sonhador na Suécia em 1958. De súbito, tudo parecia estar conectado – o dinheiro e as pessoas estavam fluindo pelo mundo em busca um do outro. Hoje nós chamamos isso de "globalização" e embora a gente não tivesse um apelido esperto em meados dos anos 1960, a verdade é que o modo como as pessoas tomavam decisões e interagiam umas com as outras estava mudando. Em resumo, se Steve Ross e a Warner Communications estavam dispostos a fazer o que fosse preciso para conseguir trazer um famoso jogador de futebol brasileiro a Nova York para atuar no pequeno time que haviam comprado, nada ficaria no caminho deles.

Em retrospecto, eu nunca tive a menor chance!

9

Para a conferência de imprensa que anunciaria a minha chegada, o Cosmos fechou o 21 Club, um glamoroso restaurante e ponto de encontro em Manhattan frequentado por celebridades. Por volta de 300 membros da imprensa (e mais alguns curiosos) apareceram – o dobro da capacidade do 21 e mais gente que muitos públicos dos jogos do Cosmos. Infelizmente, eu estava levemente atrasado, a multidão ficou nervosa e houve um começo de briga entre os repórteres. Um câmera brasileiro teve os óculos quebrados. E por um momento a polícia ameaçou cancelar tudo aquilo.

Por que foi tão caótico? Bem, era a cidade de Nova York nos anos 1970! Foi um tempo de criminalidade em alta, blecautes, uso de drogas à luz do dia e ruas perigosas, quando a Times Square ainda era um aglomerado de cinemas para adultos em vez do parque temático de lojas de comércio com fachadas de neon de hoje. Foi antes de a preocupação com segurança se tornar uma prioridade, antes do crescimento econômico ter "curado" várias mazelas, quando o caos parecia espreitar em cada esquina. Em outras palavras, parecia muito com o Brasil! E eu ia me sentir em casa.

Apesar de toda a comoção, a minha transferência quase não acontece. Ir da folha de papel de carta do hotel na Bélgica para o 21 Club foi uma odisseia que envolveria negociações a altas horas da noite, voos transcontinentais e quilômetros de fitas de telex (um já esquecido sistema de comunicação rápida que parecia o cruzamento entre o telégrafo e o SMS do celular). Representantes da Warner Communications, a serviço de Steve Ross, vieram ao Brasil e chegamos até a jogar futebol por algumas horas numa praia do Rio de Janeiro tentando acertar os detalhes do nosso acordo.

Mas nem mesmo isso acabou trazendo avanço às negociações. Seis meses se passaram sem nenhum acordo. Houve um momento em que as negociações simplesmente pareciam empacadas. Não conseguíamos nos acertar em relação aos valores. Além disso, o governo militar brasileiro estava fazendo algum barulho sobre a questão de ser uma boa ideia ou não o Pelé ir para o estrangeiro. Você precisa ter em mente que, naquela época, o Brasil era um país bem isolado, muito paranoico sobre a sua segurança e com barreiras comerciais e mais barreiras de todos os tipos. A "globalização" era algo que o governo temia, porque sabia que, uma vez que os brasileiros aderissem à ideia, a maior abertura e exposição ao mundo nos faria clamar por democracia e por outros direitos. Os militares, como quase todos os regimes autoritários, haviam erguido várias barreiras para impedir que isso acontecesse. Então parecia bem possível que a junta militar que controlava o Brasil tentasse me impedir de ir jogar nos Estados Unidos – justo nos Estados Unidos. Além disso, alguns militares ainda estavam bravos com a minha decisão de não ter jogado pelo Brasil em 1974, uma decisão que obviamente teve um elemento político envolvido. Enquanto não estava claro exatamente como eles iriam me impedir de deixar o país, o governo tinha à sua disposição um estoque de artimanhas jurídicas para me manter no Brasil. Eu comecei a me perguntar se o negócio todo ia dar para trás.

Entra Henry Kissinger. O Secretário de Estado de origem alemã foi um dos homens mais poderosos na história dos gabinetes presidenciais americanos – e sempre foi um grande fã de futebol. Ele havia jogado na juventude – como goleiro, olha só – e nunca perdera a paixão pelo jogo. Em 1973 ele usou uma parte do seu considerável poder para orquestrar, praticamente sozinho, uma partida de exibição entre o Santos e o Baltimore Bays, outro time da NASL, a Liga Norte-Americana de Futebol (e, o que não era coincidência, um time que jogava perto o suficiente de Washington para que Kissinger pudesse ver o jogo!) Ele veio me ver no vestiário depois do jogo de 1973 e parecia uma criança de olhos arregalados. Ele me disse que apenas craques conseguiriam fazer os americanos apreciarem a real beleza do futebol. "Pelé, você é o cara", ele disse, com aquela voz grave e de forte sotaque alemão. "Nós precisamos que você jogue mais vezes nos Estados Unidos. As pessoas irão à loucura. E mesmo que o futebol acabe não pegando aqui, pelo menos eu terei a chance de te ver jogando!"

No mesmo verão, o doutor Kissinger conseguiu agendar para Rose e para mim uma rápida visita à Casa Branca, onde eu conheci o presidente Nixon. É engraçado – eu tinha esquecido desse encontro até recentemente quando o último conjunto de gravações secretas de Nixon no Salão Oval foi liberado ao público, e eu aparecia nessas gravações! O presidente foi muito educado e disse que me achava "o maior do mundo". Em algum momento ele me perguntou se eu falava um pouco de espanhol.

"Não", eu disse de modo educado. "Apenas português".

Nixon pareceu um pouco constrangido, então eu acrescentei rapidamente:

"Mas é tudo a mesma coisa."

Quando o doutor Kissinger ficou sabendo que o Cosmos estava negociando a minha contratação, no início de 1975, o presidente Nixon já tinha deixado o cargo – ele havia renunciado devido ao Watergate. Mas Kissinger havia sobrevivido e continuava tão poderoso como antes. Ele decidiu fazer o que fosse necessário para azeitar as engrenagens que me permitissem ir jogar em Nova York. Com esse espírito, Kissinger mandou uma carta para o presidente do Brasil, Ernesto Geisel, declarando que, se eu jogasse nos Estados Unidos, isso seria um grande incremento na relação entre os dois países. Aquele era o tempo da Guerra Fria – e aquele era Henry Kissinger. Bem, você consegue imaginar o efeito que a carta teve. Depois daquilo, os resmungos do governo sobre a minha partida iminente cessaram de uma hora para outra. Minhas negociações chegaram a um acordo – cerca de um milhão de dólares por ano por sete anos. Era um acordo que incluía todo tipo de promoção e merchandising. E uma condição era trazer o professor Mazzei, que foi contratado pelo Cosmos como técnico assistente e preparador físico. E antes que eu me desse conta, estava no palco do 21 Club, com o professor Mazzei traduzindo as minhas declarações.

"Vocês podem espalhar por aí", eu declarei. "O *soccer* finalmente chegou aos Estados Unidos."

Aquilo soou muito bem, mas havia uma questão que ninguém ainda sabia como responder: será mesmo que alguém viria nos ver jogar futebol?

10 Nem eu tenho certeza se queria ter assistido ao nosso começo!

No dia do meu primeiro treino com o Cosmos aconteceu uma forte tempestade. O motorista não sabia nem como chegar ao local do treinamento – um pequeno ginásio na universidade de Hofstra, de Long Island. Então eu me atrasei quase uma hora. Isso deixou uma imagem ruim – a última coisa que eu queria era passar a impressão de que eu pensava que as minhas regras eram diferentes daquelas dos meus companheiros de equipe. Então eu pedi muitas desculpas ao treinador Bradley. Ele disse que não tinha problema e até generosamente deixou de lado a multa padrão de 25 dólares para jogadores que se atrasavam.

Eu reuni o time e fiz um pequeno discurso no meu inglês horrível. Eu tinha praticando antes com o professor Mazzei, que me ajudava com a pronúncia. E eu também havia ensaiado de manhã em frente ao espelho.

"É uma honra estar aqui", ele disse. "Eu sempre fui uma pessoa que trabalhou em equipe e ainda sou. Por favor, não esperem que eu vença sozinho. Nós devemos trabalhar juntos."

Todo mundo no time concordou. Eles se aproximaram e um a um se apresentaram, sorrindo e me dando as boas-vindas com polidez. Era essencial que eu aprendesse os nomes deles de imediato. Um dos meus novos companheiros, Gil Mardarescu, um meio-campista da Romênia, fez o sinal da cruz sobre o peito e disse: "Eu sonhei em um dia poder apertar a sua mão. Mas poder jogar com você, isso é um milagre!"

É claro que eu me sentia lisonjeado. Mas esse também era um tipo de encantamento e reverência que precisávamos evitar em campo – como eu disse ao time, nossa equipe não pode ser dez carinhas e o Pelé. O futebol não funcionava assim. E eu fiquei ainda mais preocupado.

Quando entramos em campo pela primeira vez o resultado foi bem temerário. Eu não jogava futebol profissional havia oito meses e sabia que estaria meio enferrujado. Também houve um pouco de gente parando e admirando enquanto eu avançava nos exercícios e praticava meus chutes. "O Cosmos agia como se um time do jardim da infância de repente estivesse jogando com a lenda do baseball Babe Ruth", um repórter escreveu. Eu havia chegado no meio da temporada de 1975 e o desempenho do time registrava apenas três vitórias. E seis derrotas. O moral dos jogadores era bom, mas precisávamos de mais talento. No primeiro treino, quando estávamos jogando entre nós, recebi diante do gol um passe à altura da cintura. Eu dei uma bicicleta e a bola cobriu o goleiro, Kurt Kuykendall, e foi para a rede.

Era uma jogada que eu tinha feito mil vezes no Brasil, mas Kuykendall agia como se estivesse vendo um homem andar na Lua. "O que foi aquilo?", ele ficava perguntando.

"Mas o que foi aquilo?" Jogadores dos dois lados estavam comemorando e dando tapas nas minhas costas.

A gente precisava passar algum tempo juntos. Mas não havia tempo – estávamos no meio da temporada e havia um jogo marcado para o dia 15 de junho contra o Dallas Tornadoes. O local seria o estádio Downing, uma instalação pequena e decadente em Randalls Island onde o Cosmos vinha jogando suas partidas "em casa". O jogo seria exibido ao vivo em rede nacional – a primeira vez do Cosmos. Antes do jogo um grupo de dirigentes trabalhou cuidadosamente no campo, muito ocupados em arrumar o estádio para a estreia na TV. Obviamente, a gente não sabia se alguém ia nos assistir ou mesmo aparecer no estádio para ver o jogo – a média de público do Cosmos naquele ano havia ficado abaixo dos 9 mil torcedores por jogo.

Eu fiquei bem contente quando entramos em campo e vimos quase 21 mil torcedores – basicamente a capacidade daquele estádio. "Pelé! Pelé!", entoavam. No início parecia que acabaríamos desapontando nossos fãs – os Tornadoes marcaram dois gols no primeiro tempo. Toda vez que eu recebia a bola, três ou quatro zagueiros vinha na minha direção. Mas logo no começo do segundo tempo eu consegui acertar um passe para Mordechai Spiegler, nosso atacante israelense que havia jogado para a seleção de Israel na Copa de 1970. Ele rapidamente deixou o placar em 1 a 2. Nove minutos depois, Spiegler devolveu o favor e me mandou uma bola alta na frente do gol. Eu pulei – não tão alto como em meus tempos de glória, mas o suficiente para aquele dia – e cabeceei a bola para gol, para o alto do canto esquerdo. "Pelé! Pelé", a cantoria aumentou e por um momento foi como se eu estivesse de volta ao estádio da Vila Belmiro no Santos.

O placar final foi 2 a 2. Um empate. Não é o resultado que os americanos costumam apreciar, mas ainda assim era um bom começo.

Na verdade, naquele dia só tivemos um único problema sério. Depois da minha chuveirada pós-jogo chamei o vice-presidente do Cosmos, Raphael de la Sierra, que havia nascido em Cuba. Eu admito que estava em pânico.

"Me desculpe", eu disse. "Mas acho que esta será a primeira e última partida que eu jogo pelo New York Cosmos. Não posso continuar."

De la Sierra me encarou com a boca aberta. "Mas por quê?"

Eu fiquei horrorizado ao descobrir no chuveiro que meus pés estavam cobertos com o que parecia ser um fungo verde. Por mais que eu esfregasse ou ensaboasse, a coisa não queria sair. Aquela era a realização do meu pior medo – uma instalação tão decrépita que podia causar danos permanentes à minha saúde. Nenhum jogador de futebol pode viver sem os pés. E quanto eu me explicava para De la Serra a preocupação no rosto dele desapareceu e logo ele estava sorrindo. Ele pacientemente esperou eu terminar de falar. Então ele me informou que como o estádio Downing estava em condições precárias para o jogo, os dirigentes mandaram passar tinta spray verde nas partes do campo onde faltava gramado. Fizeram isso esperando que o público da TV não percebesse a diferença e pensasse que o Cosmos jogava suas partidas em belos e verdes gramados.

"Isso não é fungo, Pelé", ele disse e ria de tremer. "Isso é tinta".

11 Aquele primeiro jogo atraiu uma audiência televisiva de dez milhões de pessoas – um recorde para o futebol nos Estados Unidos, batendo com facilidade a audiência até então da Copa do Mundo e dos jogos entre clubes. A transmissão em si não foi um sucesso total – o público perdeu o primeiro gol do Cosmos por causa de um intervalo comercial e perdeu também o segundo gol, marcado por mim, porque a TV estava mostrando o replay de outro lance. A ação constante do futebol contrastava claramente com as longas pausas da maioria dos esportes "americanos", pausas que eram ideais para a transmissão televisiva. O futebol iria demandar uma curva de aprendizado para todos – inclusive para os executivos da TV.

Apesar de tudo, as críticas foram muito positivas. "Exceto por alguma luta de pesos-pesados pelo título", escreveu um jornal, "nenhum esporte na cidade de Nova York atraiu tanta atenção mundial." De repente, todo mundo de todos os lugares sabia quem era o Cosmos. Jornalistas americanos como Tom Brokaw, Howard Cosell, entre outros, comentaram aquele primeiro jogo e disseram que o futebol tinha finalmente chegado aos Estados Unidos. Lamar Hunt, o dono do time de Dallas, nosso adversário naquela partida, assistiu ao jogo pela TV num quarto de hotel em Tyler, Texas. "Enquanto eu assistia", Hunter disse mais tarde, "eu pensei 'Bem, nós conseguimos. Valeu toda a agonia e os tempos difíceis.'"

De fato, o *boom* do futebol foi maior e mais avassalador do que muita gente – incluindo os sonhadores mais ousados, como Steve Ross ou Clive Toye – podiam imaginar. Depois daquele primeiro jogo o Cosmos embarcou em viagens para lugares que praticamente desconheciam o futebol, cidades como Los Angeles, Seattle e Vancouver, e para mercados mais desenvolvidos como Boston e Washington, D.C. Não importava para onde íamos, em todas as cidades batíamos o recorde de público. Em Boston, a multidão me cercou depois que marquei um gol e chegaram até a torcer o meu tornozelo, tentando levar minhas chuteiras como lembrança. Em Washington, D.C., reunimos uma multidão de 35 mil pessoas, o maior público já registrado pela NASL. (Algumas noites depois, para outra partida, apenas 28 mil torcedores apareceram.) Até em Los Angeles – onde jogamos em um pequeno estádio na escola técnica El Camino Junior College – as 12 mil cadeiras do estádio estavam tomadas. Em todos os lugares onde íamos as pessoas eram simpáticas, entusiasmadas e surpreendentemente bem informadas sobre futebol. Era como se os fãs americanos estivessem apenas esperando por um raio de luz sinalizar que a aurora havia chegado para o esporte deles.

E o jogo também parecia casar perfeitamente com o espírito de época dos Estados Unidos naqueles meados de 1970, quando os *baby boomers* – a geração nascida depois da segunda-guerra se tornava adulta. Dick Berger, o diretor geral dos Dallas Tornadoes disse naquela época: "O futebol é um jogo *anti-establishment*. Não é santificado como a NFL – a Liga Nacional de Futebol Americano – nem especializado como a NBA – a Associação Nacional de Basquete. É um esporte "contra o sistema", por seu caráter individualista e em constante movimento, e tem atraído jovens adultos que cresceram nos anos 1960, as pessoas que eram contra a Guerra do Vietnã, que tinham cabelo comprido e ouviam músicas alternativas. Hoje eles têm dinheiro para gastar e são atraídos pelo futebol".

Bom, eu não sei se tudo isso é verdade. Mas certamente acabamos acertando a veia dos americanos. As crianças que jogavam futebol na escola começaram a pedir para os pais as levarem para ver os nossos jogos. E ainda mais importante – na verdade, isto se mostraria o desdobramento mais relevante de todos – metade dos torcedores da Liga Nacional de Futebol Americano era mulheres. A revista *Sports Illustrated* destacou: "Ninguém em seu juízo perfeito teria sonhado que, em apenas algumas semanas, Pelé se tornaria tão bem conhecido como como Joe Namath", o *quarterback* (ou "armador") de um dos times de Nova York que jogava "o outro" futebol – os Jets.

Eu sentia que metade das minhas responsabilidades estava no campo, como jogador, e o resto estava fora do campo como professor e embaixador do futebol. Foi durante aquelas primeiras semanas que criei a expressão que me acompanharia pelo resto da vida. Os jornalistas americanos estavam sempre me fazendo perguntas sobre o "*soccer*" (futebol). Era uma palavra que estranhei no começo, porque sempre conheci o esporte como "*football*", como dizem os ingleses. E para diferenciar entre o meu esporte e o futebol americano, que eu achava um pouco violento e monótono, com todas aquelas paradas, eu dizia que o que eu jogava era um "*beautiful game*", um jogo bonito. Essa frase pegou e tem sido usada no mundo inteiro desde então para descrever o futebol ou o "*soccer*".

Naquela época eu vivi alguns dos momentos favoritos da minha vida profissional. Eu era tão rápido e poderoso como dez anos atrás? Gente, não. Nós vencíamos todas as partidas? Não chegávamos nem perto disso. Mas havia um frescor e uma sensação de novidade em tudo, uma sensação gostosa de descoberta que eu não sentia provavelmente desde aquela primeira Copa do Mundo na Suécia em 1958. Cada vez que íamos a uma cidade nova e as pessoas apareciam para nos receber eu sentia que estávamos fincando a nossa bandeira, a bandeira do futebol, que ia ficar para sempre.

Livre das expectativas e das pressões de casa – e creio que também por estar mais maduro e me sentir mais confortável comigo mesmo do que quando eu era mais jovem – encontrei novas alegrias dentro do futebol. Eu fazia muita palhaçada com meus companheiros de equipe e geralmente me divertia conhecendo os Estados Unidos. Em Seattle nós nos hospedamos num hotel à beira do porto e o meu quarto ficava a três andares acima da linha do mar. O gerente me emprestou uma vara de pesca e uma lata com iscas de salmão. E em poucos segundos eu fisguei um pequeno tubarão. Puxei o bicho até a varanda enquanto meus colegas caíam na risada sem acreditar no que viam. O que fazer com o tubarão? Um deles correu para o quarto e voltou com a perna de uma mesa, que usou para acertar a cabeça do tubarão. Não era a mesma coisa que lá em casa, no Brasil, pescando no rio Bauru – um tubarão teria assustado a cidade inteira! Mas chegava perto o suficiente.

A gente levava nossas partidas muito a sério, mas todos sabiam que tínhamos um objetivo maior: promover o jogo, tornar o futebol viável nos Estados Unidos. Então havia um grau de camaradagem mesmo entre os times adversários que era difícil de encontrar em ligas mais estabelecidas. Por exemplo, eu tive um sério problema com um elemento particularmente terrível nos esportes americanos dos anos 1970: a grama artificial. A grama artificial de hoje pode ser confundida com um gramado normal, macio e suntuoso. Mas naquela época as superfícies de grama artificial eram basicamente pisos de concreto com um fino tapete de nylon verde por cima. Eu nunca tinha visto aquilo antes e sentia que meus pés estavam em brasa. Alguns jogadores de Seattle me disseram que com o gramado artificial era melhor usar tênis normais em vez de chuteiras; quando eu disse que não tinha nenhum tênis um dos jogadores gentilmente me emprestou um par. Eu fiquei muito contente, mas um pouco desconfiado – no Brasil ou em qualquer outro lugar ultracompetitivo, um jogador adversário provavelmente colocaria um prego enferrujado na sola do tênis ou algo parecido! (Posso estar exagerando, mas não muito.)

Toda a camaradagem, os treinos e os jogos uniram a nossa equipe. O Cosmos terminaria a temporada de 1975 entre os perdedores, sem chegar à fase de mata-mata. Ainda precisávamos de mais talento. Mas sentimos que havíamos criado a base de alguma coisa. E aquele período depois da temporada – bem, também iria ser bem divertido.

12

Eu era um homem feito, mas também vivia fora do meu país pela primeira vez na vida. Então havia momentos em que, mais uma vez, eu me sentia aquele garoto de 14 anos num ônibus em Bauru a caminho de Santos: inseguro do meu destino, longe de casa, animado e ao mesmo tempo meio perdido. Eu sentia saudades do Brasil, sentia saudade das praias, do churrasco nas tardes de domingo. Acima de tudo, eu sentia saudade de ir a lugares como a Vila Belmiro, o Pacaembu, o Maracanã e encontrar os meus fãs. Às vezes olhava o céu à noite, mirava uma estrela mais ao sul e ficava pensando no que será que estaria acontecendo lá em casa e o que é que eu estava perdendo.

Felizmente, eu consegui levar alguns confortos de casa para os Estados Unidos. O maior deles foi a família. Rose e as crianças se juntaram a mim e passamos a viver em um belo apartamento no East Side. Kelly Cristina e Edinho logo aprenderam inglês, como as crianças sempre fazem, e se adaptaram à escola americana. Meu irmão Zoca também se juntou a nós, trabalhando na Trenton University e organizando escolinhas de futebol para crianças. Meus pais passavam muito tempo com a gente, e era uma coisa engraçada – a família Nascimento talvez passasse mais tempo junto em Nova York que havíamos passado em Santos.

Além disso, Nova York não era o tipo de lugar onde você tinha tempo para sentir saudade de casa. Por estranho que pareça, dado o fato de que geralmente só me importo com coisas de futebol, eu realmente mergulhei nas opções culturais que a cidade oferecia. Quase todos os fins de semana eu ia a algum show ou evento com a Rose. Às vezes íamos aos musicais da Broadway, mas muitas vezes fomos ao balé. Há algo no balé que realmente me emociona e me lembra do futebol – a combinação de força, fluidez de movimentos e elegância. Eu ficava lá na plateia, mesmerizado, por horas e horas, semana após semana. Eu amava o Cirque du Soleil pelas mesmas razões. Vendo os espetáculos eu sentia que entedia tudo aquilo – eu sentia que conseguia antecipar a maioria dos movimentos que os artistas faziam.

E também havia... buscas... menos saudáveis. O império de Steve Ross na Warner Communications abriu um novo mundo de pessoas interessantes, que incluíam muitos cantores e estrelas de Hollywood que viviam em Nova York ou estava sempre passando pela cidade. Uma das celebridades que eu mais via era Rod Stewart, que, além de artista da Warner Brothers, era um grande fã de futebol. Às vezes ele visitava o ginásio do Cosmos e batia uma bola com a gente durante os nossos treinos. Rod me levava ao Studio 54, o famoso – ou famigerado – restaurante e clube noturno que foi o centro da cena festeira da Manhattan dos anos 1970. A gente procurava uma mesa e ficava ouvindo a música e se divertia. Algumas vezes, Mick Jagger se juntava a nós. Assim como a cantora e atriz Liza Minnelli, o tenista Björn Borg e o artista plástico e empresário Andy Warhol – que decretou que eu seria a exceção à regra dele de que todo mundo teria 15 minutos de fama. "Pelé será famoso para sempre", ele disse, com um pouco de exagero.

Mesmo em tais companhias eu mantive a filosofia de "nada de drogas nem de álcool" que adotara ao longo dos anos. Esse voto de abstinência me ajudou muito a manter o meu corpo e me permitiu continuar jogando futebol até a idade de 35 – e além. Mas me fazia parecer a pessoa esquisita no público do Studio 54. Uma noite o Rod ficou um pouco irritado comigo e disse: "Porra, Pelé! Você não bebe e você não usa drogas. Então o que é que você faz?"

Bem, eu tinha as minhas fraquezas, em especial quando se tratava de membros do sexo oposto. E você pode acreditar que não faltavam tentações em Nova York em meados dos anos 1970, principalmente quando a fama do Cosmos explodiu. Eu me lembro de uma visita ao prédio da Warner, onde o ator Robert Redford também tinha um escritório. Estávamos no lobby, conversando, quando chegou um grupo de caçadoras de autógrafo que veio correndo na nossa direção. Eu vi o Robert se encolher de tensão. E aos poucos a surpresa tomou conta do rosto dele quando percebeu que as fãs vieram atrás de mim e não dele.

"Uau!", ele disse, maravilhado, de pé ao meu lado enquanto eu autografava. "Você, sim, é famoso."

A fama também me ajudou em um assunto muito importante – como impressionar meus filhos. Essa é uma tarefa que vai se tornando cada vez mais difícil ao longo dos anos para todos os pais. Quando minha filha Kelly Cristina era adolescente ela vivia me pedindo para apresentá-la ao ator William Hurt, por quem tinha uma queda. Então eu levei Kelly para um coquetel em Nova York, para a festa de lançamento do filme "O beijo da mulher aranha". Quando entrei na festa, William me viu e gritou: "Você é o Pelé! Você é o Pelé!" Estava praticamente histérico. Ele se jogou em cima de mim e começou literalmente a beijar meus pés. Eu dei muita risada. E Kelly ficou impressionada, talvez pela primeira e última vez!

Eu tinha esperança de que ir para Nova York ajudaria a construir uma ponte para a minha vida depois do futebol, e não me desapontei. Algumas grandes oportunidades apareceram nesse sentido também. Eu já tinha feito algumas atuações no Brasil, inclusive um papel numa telenovela nos anos 1960 em que eu interpretava um alienígena investigando a Terra para preparar uma invasão. Eu não era um ator muito bom (e estou sendo gentil), mas era muito divertido. Um dia, num almoço em Nova York, Steven Spielberg propôs fazer um filme comigo jogando futebol na Lua. Para dizer a verdade, eu nunca consegui entender essa ideia – talvez tenha me confundido com Marcos Cesar Pontes, outro famoso cidadão de Bauru, que viria ser o primeiro brasileiro no espaço! No fim, acabei aparecendo em uma grande produção de Hollywood: "Fuga para a vitória" (*Victory*), filme estrelado por Sylvester Stallone e Michael Caine. Eu fazia um jogador de futebol. E isso, você pode dizer, não era algo muito difícil para mim.

Meu contrato com a Warner incluía uma série de acordos de promoção cruzada. Assim, quando eles lançaram um novo sistema para o Atari eu ajudei a fazer a divulgação do produto. E também havia uma imensa rede de pessoas que encontrei através de brasileiros vivendo nos Estados Unidos. Eu ajudei um parceiro de negócios a abrir clínicas de quiropraxia em Los Angeles. E ele por sua vez conhecia outro brasileiro que era um cozinheiro professional que trabalhava para um artista promissor e futuro pop star, que estava lançando a carreira solo depois de anos cantando em um conjunto musical. Foi assim que fui convidado à festa de aniversário de 18 anos do Michael Jackson na Califórnia. Ele era uma pessoa quieta, muito bem vestida e bem educada. Um jovem simples, mas obviamente muito delicado. Eu fiquei triste pelo que viria a acontecer com ele muitos anos depois.

Por que estou falando dessas coisas? Todo o contato com as estrelas e as celebridades – aquilo foi bem divertido. Eu estava vivendo um grande momento. Mas olhando em retrospecto, também havia um objetivo mais construtivo: ajudou a tornar o futebol algo glamoroso. Ao trazer para o esporte um certo brilho e um pouco de glamour, nós convencemos muitos americanos de que valia a pena prestar atenção no futebol. As celebridades começaram a comprar times da NASL – Mick Jagger foi atrás de um time da Filadélfia, seguido pelos roqueiros Peter Frampton e Paul Simon. Elton John anunciou que detinha a franquia dos Aztecs de Los Angeles. E, igualmente importante, outros grandes jogadores de futebol ao redor do mundo também ficaram interessados com a ideia de jogar nos Estados Unidos. Minhas palavras se mostravam verdadeiras, afinal: o futebol havia mesmo chegado.

13 Depois que o Cosmos não conseguiu se classificar para os mata-matas de 1975, eu disse a Steve Ross e Clive Toye que precisávamos de pelo menos mais um craque. "Não posso fazer isso sozinho", eu disse.

Eu me senti mal por dizer isso – eu realmente gostava dos meus companheiros de equipe – mas no esporte profissional nada substitui o talento e a dura realidade era que a gente simplesmente não tinha o talento necessário. Os times adversários conseguiam mandar três ou até quatro zagueiros me marcar sem o meu time conseguisse tirar vantagem disso. "Desse jeito nós não vamos ganhar", eu disse. "Por favor, vá procurar na América do Sul ou na Europa alguns jogadores para se juntarem a nós".

Vou dizer uma coisa sobre o Steve Ross – com ele você não precisava pedir duas vezes. Não demorou para o Cosmos contratar duas grandes estrelas do futebol internacional: o italiano Giorgio Chinaglia e Franz Beckenbauer, o capitão da seleção de Alemanha Ocidental que tinha acabado da vencer a Copa do Mundo de 1974. Esses reforços eram dinamite e consolidaram a NASL como uma liga de grande porte – e deixou revoltada muita gente no futebol do "Velho Mundo". Contratar o Chinaglia era um golpe tão grande que ele teve de ser "contrabandeado da Itália logo no início da temporada para escapar do medo de protestos e revolta", um jornal escreveu, provavelmente com algum exagero, mas não muito. Quando Beckenbauer chegou em Nova York, uma grande multidão, que incluía muitas crianças, foi até o aeroporto para esperar o seu avião. Mais tarde Beckenbauer diria que ter vindo para os Estados Unidos "foi a melhor decisão que ele havia tomado".

Quando os outros clubes viram os craques que o Cosmos estava contratando, decidiram fazer o mesmo. Eusébio da Silva Ferreira, a estrela da seleção portuguesa que eliminara o Brasil em 1966, assinou contrato com o Las Vegas Quicksilvers. O clube de Tampa Bay contratou Tommy Smith, um zagueiro de língua afiada que jogara muitos anos pelo Liverpool. George Best, a lenda do time da Irlanda do Norte assinou com os Los Angeles Aztecs. E também surgiram novos times em lugares como San Diego e Tulsa, Oklahoma. A competição estava acirrada!

A temporada de 1976 testemunhou um grande progresso em campo. Chinaglia liderou o time com 19 gols e 11 assistências decisivas, e me ajudou a desviar muito do foco colocado sobre mim. Consegui respirar um pouco mais em campo, e em um jogo em Honolulu, no Havaí, marquei quatro gols – incluindo três em um intervalo de 13 minutos no segundo tempo. Jogávamos em estádios lotados onde quer que a gente fosse e as multidões em Nova York eram tão grandes que os dirigentes transferiram o time para o estádio Yankee. As vitórias ajudaram a espalhar ainda mais a paixão pelo jogo: nós terminamos a temporada com 16 vitórias e 8 derrotas.

Nós chegamos ao mata-mata e encaramos os Tampa Bay Rowdies. Esse time tinha uma incrível história de sucesso e alguns aspectos era o oposto do nosso time nova-iorquino. Eles tinham apenas um craque: Tommy Smith. Mas se Nova York oferecia estilo e glamour, Tampa Bay tinha aquela criatividade e determinação de cidade pequena. Os treinadores e os jogadores se reuniam em um restaurante depois dos jogos para autografar camisas. O grito de guerra oficial do time era "The Rowdies are a kick in the grass", um trocadilho no nível de "Os Rowdies pegam pra jogar" – o que para os Estados Unidos daquela época soava quase indecente! Antes de cada jogo um grupo de animadoras de torcida, as "Wowdies", corria pelo campo soltando balões para a alegria dos fãs. E então todos os torcedores cantavam acompanhando a musiquinha delas: "Os Rowdies correm pra cá, os Rowdies correm pra lá, eles vão chutando as bolas!" Sim, era um pouco afetado, mas as pessoas adoravam – e o time jogava muito. Mesmo sendo um time iniciante da NASL, Tampa Bay vencera o Campeonato de 1975. E parecia que faria o mesmo em 1976.

Os torcedores em Tampa Bay entendiam do jogo e eram muito simpáticos. Antes do início da partida, quando eu entrei em campo a multidão me aplaudiu de pé. Foi uma grande demonstração de espírito esportivo. Pena que aquele seria o ponto alto do jogo para mim!

O jogo começou muito bem. Mas o Tampa Bay tinha uma defesa excepcional e eu não conseguia me livrar do meu marcador nem se minha vida dependesse disso. Em um lance, fui derrubado e quando eu estava ali no chão, com o Tommy Smith de pé na minha frente, os Rowdies marcaram mais um gol e dispararam a caminho da vitória.

Todos ficamos desapontados com a derrota, é claro. Mas eu estava feliz com a subida de nível da competição, e a NASL já parecia uma liga de verdade. Quase 37 mil pessoas apareceram para nos ver jogar contra o Tampa – um público muito bom para qualquer esporte americano. "O futebol está fincando o pé" a revista *Sports Illustrated* decretou em agosto de 1976. Nenhum de nós suspeitava, mas em alguns sentidos aconteceria o exato oposto. Nuvens escuras estavam se aproximando e logo iriam ameaçar tudo o que a gente tinha lutado para construir.

14
Um dos meus maiores prazeres em Nova York era passear sozinho pelo Central Park e tentar encontrar um grupo de crianças jogando futebol. Nas primeiras vezes eu tinha de caçar um pouco até conseguir encontrar – era mais fácil ver gente arremessando bolas de *baseball* ou de futebol americano nos gramados daquele parque imenso. Mas no fim, com alguma insistência, eu conseguia encontrar crianças chutando uma bolinha preta e branca, e abria um sorriso.

Primeiro eu apenas observava, de braços cruzados, às vezes embaixo da sombra de alguma árvore. Eu não falava nada. Inevitavelmente alguém acabava me vendo. E você pode imaginar a surpresa! Então eu ia conversar um pouco com eles, mostrar alguns passes, talvez dar algumas dicas. Aquele foi o tempo em que as fotografias instantâneas da Polaroide viraram febre, e sempre havia alguém com uma câmera à mão. Eu posava com a garotada, todos nós fazendo a versão mais brasileira do sinal de positivo, o nosso joinha. E então apertávamos as mãos ou trocávamos um abraço e eu desaparecia de volta à selva urbana.

Poder passar para os novatos o meu amor pelo futebol me deixou muito contente. E fui capaz de fazer isso de várias formas. No início dos anos 1970 eu assinei um contrato com a PepsiCo para fazer uma série de oficinas de futebol para crianças ao redor do mundo, o projeto chamado *International Youth Football Program* (ou programa internacional de futebol para a juventude). O professor Mazzei e eu trabalhamos juntos nesse projeto, e viajamos por 64 países ensinando crianças a jogar melhor. A ideia foi um sucesso total – e não custava nada para os treinadores, as escolas ou os jogadores. Para mim foi um grande exemplo do que as grandes empresas poderiam fazer para melhorar o mundo enquanto promoviam seus produtos.

Também em parceria com a PepsiCo, produzimos um livro e um filme didático chamado "Pelé: o mestre e seu método", que felizmente sobreviveu à posteridade e continua a ser visto pelos jovens até hoje. No filme nós decompomos o "jogo bonito" em seus elementos mais básicos: controle da bola, habilidade, dribles, passes, truques, cabeceada e – finalmente – como chutar. ("A não tão delicada arte de marcar gols" foi o título que demos.) Eu demonstrava cada técnica. Calcei sapatos especiais, com marcas coloridas nas partes do pé indicadas para cada tipo de chute – muitas crianças se enganavam pensando que podiam chutar com maior precisão e velocidade com a ponta do pé, quando quase sempre chutar de lado é muito mais eficiente.

Então trabalhamos com muito afinco para produzir um filme que não apenas mostrasse as habilidades técnicas do jogo, mas também transmitisse um pouco do romantismo do futebol. Em uma cena, a câmera faz um *zoom* sobre a bola de futebol enquanto o narrador diz "400g de couro e ar comprimido... um objeto inanimado? Não necessariamente. Apenas em repouso. Esperando por um sinal do seu mestre." Então eu começo a rolar a bola e faço embaixadinhas com os pés, os joelhos, e o narrador continua falando: "E de repente a bola se enche de vida. E começa a fazer tudo o que Pelé espera que ela faça".

Aqueles treinos eram a parte fácil. O maior desafio era como transmitir às crianças a importância e os fundamentos do verdadeiro trabalho em equipe – que obviamente se tornara uma obsessão para mim desde os anos 1970. Filmamos várias cenas no velho campo da Vila Belmiro em Santos com alguns dos meus antigos companheiros. Também filmamos em um vilarejo e na praia, onde pedimos a algumas crianças que tentassem fazer bicicletas ao estilo do Pelé. Em uma cena, amarrei a bola ao galho de uma árvore e fiquei lá cabeceando – exatamente como o Dondinho tinha me ensinado muitos anos atrás.

"Mas até mesmo para Pelé houve o tempo em que a bola não o obedecia", o narrador dizia. "Foram todas as horas de treino solitário que deram ao garoto essa habilidade. Às vezes ele não tinha uma bola de verdade para praticar. Então ele fazia o que podia, improvisando uma bola de trapos velhos amarrados com um barbante..." Bom disso aí tudo você já sabe.

Aqui, mais uma vez, o momento histórico em que vivíamos acabou ajudando os nossos esforços. A chegada de novas tecnologias – o projetor caseiro de filmes e, logo mais, o videocassete – indicava que muito mais crianças poderiam assistir a filmes em suas próprias casas. Alg900 anos antes isso seria impensável – se você queria ver um filme ou você tinha de ir ao cinema ou torcia para que ele fosse exibido em um dos poucos canais de TV disponíveis. Já a decisão de fazer o filme em inglês – apesar de eu ainda estar aprendendo a língua – foi um grande sucesso. Naquela época, graças às relações comerciais americanas e a proliferação da TV e de outros meios de comunicação, você encontrava falantes de inglês não só nos Estados Unidos e na Inglaterra, mas também em lugares da Leste Europeu e do Sul da Ásia. Eles também podiam apreciar o filme do Pelé, tornando-o ainda mais popular. Mais uma vez, enquanto o mundo se transformava, estávamos no lugar certo e na hora certa.

Cada um desses projetos deu sua pequena contribuição para espalhar o evangelho do futebol. Com o tempo ficou mais fácil caminhar pelo Central Park e encontrar crianças jogando bola. (E ficou bem mais difícil me aproximar delas sem ser notado!) Mas o maior resultado, o grande triunfo do futebol não acontecia nas partidas em Nova York, Boston ou em outras cidades grandes. O desenvolvimento realmente extraordinário do futebol acontecia em lugares como Plano, no Texas; Prince George's County, em Maryland; ou Grosse Pointe, em Michigan. O futebol se tornou uma atividade sob medida para as áreas mais espaçosas e residenciais que floresceram nos Estados Unidos nos anos 1970 e 1980. No fim das contas, nunca houve falta de espaço para a construção de novos campos de futebol e o jogo tinha grande apelo entre meninos e meninas, prontos para participar de um esporte que representava perfeitamente o espírito americano de democracia e *fair play*. Todas as minhas dúvidas sobre o futuro do jogo tinham se dissipado. No fim, era como se os Estados Unidos e o futebol tivessem sido feitos um para o outro.

15 Assim como Santos tinha feito, o Cosmos de Pelé também faria turnês pelo mundo – jogando em praticamente todos os cantos do globo, da China à Índia, da Venezuela à França. Uma de minhas lembranças favoritas é de uma viagem a um lugar amado e conhecido: a Suécia. Voltei para Gotemburgo para uma partida contra um time local, que ganhamos por 3 a 1. Mas a grande surpresa de todas aconteceu no hotel do nosso time, quando uma loira muito atraente se aproximou de mim.

"Você sabe quem eu sou?", ela perguntou prontamente.

Eu fiquei envergonhado de responder que não sabia, pelo menos não de início. Mas quando ela me disse o nome eu lembrei na hora: era a Ilena, a garota sueca que eu havia conhecido 20 anos atrás, em 1958. Ilena trouxe com ela a filha mais jovem, que parecia uma cópia idêntica da mãe – loira e bonita.

Deu um grande abraço em Ilena. Ela tinha lido no jornal local sobre a minha visita e queria me ver. Nós conversamos longamente sobre aquele verão mágico e sobre tudo o que havia acontecido com cada um de nós desde então. Foi tão bom me reconectar com alguém cuja vida tinha se cruzado com a minha tantos anos atrás, mas com quem, devido ao tempo e à distância, eu havia perdido contato. Mas agora eu conseguia falar inglês de verdade, então podia entender finalmente o que ela dizia!

"Eu sempre soube que você se daria bem", Ilena disse com um sorriso. "O futebol sempre foi bom para você, não foi?"

16 A temporada de 1977 foi a minha última com o Cosmos e foi realmente a mais fabulosa despedida que um jogador profissional poderia querer. O time mudou de casa mais uma vez – agora ocupando o novo estádio dos Giants, nos arredores de Nova York, onde podíamos jogar para plateias maiores. O público praticamente dobrou mais um vez e a gente atraía uma média de 35 mil pessoas por jogo naquele ano. As multidões eram muito animadas, recebendo algumas celebridades e demonstrando cada vez mais conhecimento do jogo – ninguém mais comemorava os ocasionais chutes de mais de 20 metros! Esse também foi o ano em que o Cosmos contratou o meu velho amigo Carlos Alberto – meu companheiro no Santos e o zagueiro que marcou o último gol contra a Itália na Copa de 1970. Eu estava cercado de amigos e de grandes jogadores, nós jogávamos um futebol de alta qualidade e eu vivia em uma das melhores cidades do mundo. Eu me sentia no paraíso.

Aquela última temporada também veria o Cosmos jogar pela primeira vez o título do Soccer Bowl – o campeonato da Liga Norte-Americana de Futebol. Como o nome do torneio sugere, a NASL pegou emprestado alguns elementos do futebol americano, incluindo a tradição de que o jogo do título fosse disputado em um terreno neutro. Em Portland, Oregon, disputamos a 3ª Soccer Bowl contra o time do Seattle Sounders diante de um público de 35 mil pessoas. Antes do jogo, todos os meus companheiros de equipe apareceram para dizer que queriam se despedir de mim com um título. Fiquei bem comovido. E, claro, graças aos gols de Stephen Hunt e Chinaglia – o atacante italiano cujo passe Steve Ross havia comprado – o Cosmos venceu sua primeira Soccer Bowl!

Algumas semanas depois, em 1º de outubro de 1977, o Cosmos organizou um jogo de "despedida" para mim. Eu tinha jogado 111 partidas pelo Cosmos e marcado 65 gols. É claro, não era a primeira "despedida" que eu jogava, longe disso. Mas se alguém faz cara de descrença, foram discretos o suficiente para não mostrar na minha frente. Amigos e antigos rivais do Brasil e de todas as partes do mundo vieram a Nova York para ver o jogo. O melhor de tudo era o time adversário – o Cosmos ia jogar contra o Santos.

Naquele dia em Nova York não havia um ingresso mais disputado. Cada assento no estádio dos Giants estava ocupado e tivemos a presença de cerca de 80 mil pessoas. Vieram mais de 650 jornalistas de 38 países. O presidente Jimmy Carter fez um discurso e Muhammad Ali veio me ver no vestiário. No clássico estilo de Ali ele disse: "Eu não sei se ele é um bom jogador ou não, mas definitivamente eu sou mais bonito que ele".

Antes do início do jogo, fizemos uma última demonstração da crescente popularidade do futebol nos Estados Unidos. Nove times juvenis formaram um círculo no centro do campo – seis times de meninos, dois times de meninas e um time de atletas dos *Special Olympics*. Eles fizeram alguns dribles e mostraram suas habilidades com a bola. Então os capitães de várias seleções vitoriosas da Copa do Mundo entraram juntos em campo: Hilderaldo Bellini, meu capitão na vitória da seleção brasileira em 1958; Bobby Moore o capitão da seleção inglesa em 1966; Carlos Alberto, nosso capitão em 1970; e meu companheiro no Cosmos de Nova York, Franz Beckenbauer, capitão da vitoriosa seleção da Alemanha Ocidental em 1974.

Eu me sentia honrado por ver que tantos bons amigos tinham aparecido. Mas havia um visitante surpresa ainda mais impressionante naquele dia: Dondinho, meu pai. Depois de tantos anos de futebol, ele só viera ver alguns poucos jogos meus. Ele sempre me apoiou, é claro, mas não gostava de viajar e preferia ficar distante das multidões barulhentas dos estádios. E naquele dia mais que especial, a despedida final e verdadeira da minha longa carreira, o Dondinho tinha se esforçado para vir. A visão daquele homem que havia ensinado tudo o que eu sabia de futebol, a visão dele caminhando pelo campo dos Giants naquele dia, esse foi um dos momentos mais tocantes da minha vida.

Como você pode imaginar, eu já estava chorando antes de o jogo ter começado! Eu fiz um gol no primeiro tempo e no segundo eu troquei de camisa – e num gesto de reconhecimento ao meu passado, joguei o segundo tempo no time do Santos. Infelizmente não marquei nenhum gol para o Santos, mas ninguém pareceu se importar. Quando terminou, alguém me deu um microfone e fiz um breve discurso para a plateia e para os meus companheiros que terminou comigo gritando o meu amor: "Love! Love! Love!". Pode não ter sido um final muito surpreendente, mas eu estava tomado pela emoção e aquelas palavras refletiam o que se passava em meu coração. Então eu segurei uma bandeira do Brasil e uma bandeira americana e desfilei pelo campo, carregado nos ombros dos meus companheiros de equipe.

Em três semanas eu faria 37 anos. Estava agora seguro financeiramente, era um ícone nos Estados Unidos e me sentia realmente feliz com a minha vida. Eu estava encerrando de vez o meu futebol e aquilo que o Waldemar de Brito havia previsto era verdade: eu tinha toda a minha vida diante de mim.

17 Por um breve momento parecia que todos os esforços
tinham sido em vão – como se tivesse caído uma tempestade violenta e a água tivesse levado tudo embora.

O Cosmos e a NASL, apesar de todo o sucesso, tinham cometidos erros graves. Eles cresceram demais e rápido demais, e a Liga chegou a 1980 com 24 times. Pior ainda, a febre por comprar jogadores internacionais, cada time tentando contratar uma versão do Pelé, trouxe todo tipo de maus resultados. Os times acabaram contratando alguns jogadores que eram novidade, mas que chegavam acabados à NASL: a Liga começou a ganhar na Europa a reputação de "cemitério de elefantes", sobrando com material de baixa qualidade. A ênfase em talentos estrangeiros acabou deixando em segundo plano jogadores americanos que podiam ter mais conexão com os fãs locais e – importantíssimo – ajudariam a produzir a geração seguinte de estrelas do futebol nos Estados Unidos.

Mas o pior de tudo, todo aquele investimento em craques estrangeiros se mostrou terrivelmente caro. Em 1977, meu último ano com a Liga, apenas dois times tiveram lucro: Minnesota e Seattle. Isso mesmo: até o Cosmos, o time com o maior público e com reconhecimento internacional, estava operando no vermelho.

A Liga conseguiu se manter por um tempo, e ainda se desenvolveria ainda mais depois que eu deixei o futebol. O pico de público do Cosmos foi em 1979, quando conseguiram reunir 46.700 torcedores para um jogo no estádio dos Giants. Mas o resto da liga estava lutando para sobreviver depois que o entusiasmo e o sensacionalismo em cima do futebol aos poucos desapareciam. Em pouco tempo, apenas metade dos times da liga conseguia reunir mais de 10 mil torcedores por partida. Em 1985 a NASL entrou em colapso – e levou junto o Cosmos.

Todos esses desdobramentos me deixaram de coração partido. No fim dos anos 1980 eu achava que o futebol nos Estados Unidos estava "morrendo", como disse aos repórteres na época. Mas eu deveria ter tido mais fé no jogo. Afinal de contas, os fracassos financeiros de um grupo de empresários não poderia apagar todo o trabalho duro que realizamos. Não conseguiriam apagar o apelo do jogo bonito que por vários anos criou raízes naquele terreno fértil.

Como ressaltado no documentário sobre a ascensão e queda do Cosmos, "O mundo a seus pés" (*"Once in a Lifetime"*), lançado em 2007, a popularidade do nosso time se manteve. Ela iria ecoar através do tempo, de formas inimagináveis, mas muito satisfatórias. Por exemplo: eu disse que quando Franz Beckenbauer foi contratado pelo Cosmos, uma multidão de crianças foi ao aeroporto recebê-lo. Uma das crianças presentes naquele dia foi Mike Windischmann. Mike era um gandula do Cosmos em 1975, o ano que comecei no clube. Bem, quando Mike cresceu, ele se tornou um excelente jogador e foi nomeado capitão da seleção americana! Ele até liderou os Estados Unidos na Copa do Mundo de 1990. Essa foi a primeira vez que os americanos se classificaram para uma Copa desde 1950, quando produziram aquela famosa zebra contra seleção inglesa em solo brasileiro, que eu já contei.

De fato, a geração que se formou durante os anos 1970 – durante a época do Cosmos – iria mudar tudo. Mesmo com o fim da NASL e o futebol profissional americano entrando em uma espécie de hibernação nos anos 1980, o amor que aquela geração adquiriu pelo jogo não ia se perder.

Mesmo durante os momentos mais sombrios, o futebol ainda era jogado por milhares de pessoas pelos imensos gramados da América. Eu me sinto lisonjeado em dizer que alguns até chamam as crianças que cresceram jogando futebol anos anjos 1970 e 1980 de "os filhos do Pelé". Mia Hamm, a maior jogadora de futebol dos Estados Unidos, e talvez do mundo, contou que costumava ir religiosamente às partidas do Cosmos quando jogávamos em Washington, D.C. A Major League Soccer ("grande liga de futebol"), uma liga que floresceu nos Estados Unidos e alcançou um sucesso maior que o da NASL, graças em grande parte a uma administração financeira mais prudente, ainda contava com a presença de jogadores que haviam sido motivados pelas coisas que fizemos. Jay Heaps, antigo craque e agora técnico do New England Revolution, nasceu um ano depois da minha ida para Nova York. Mas ele disse que assistiu ao filme do Pelé, "O mestre e seu método", várias e várias vezes no videocassete quando era criança. Jay contou que até pendurou a bola no galho de uma árvore e ficava acertando ela com a cabeça por horas para praticar as cabeceadas! Ainda me encanta saber que, até hoje, as técnicas de Dondinho ainda influenciam jogadores de futebol, seis décadas depois e a mais de 8 mil quilômetros de Bauru.

O ponto decisivo, aquele que assegurou de vez o futuro do futebol nos Estados Unidos aconteceu em 1988. Vários países estavam competindo pelo direito de hospedar a Copa do Mundo de 1994. Um dos finalistas eram os Estados Unidos. Desde os anos 1970 eu sonhava com uma Copa do Mundo em solo americano – eu pensava, mais uma vez, que era necessário expor os principais talentos do futebol para seduzir o exigente público americano e conquistar o gosto deles pelo jogo. Se a gente conseguisse reunir os melhores jogadores em sua melhor forma e fazê-los jogar pelos estádios espalhados pelos Estados Unidos, isso seria muito mais eficiente que todo o barulho causado pelo Cosmos em seus dias de glória.

Minha dedicação a uma Copa norte-americana tinha um porém – os outros finalistas para sediar a Copa de 1994 eram o Marrocos e... o Brasil. Você pode imaginar ou mesmo lembrar da raiva por aqui quando eu apoiei publicamente a candidatura dos Estados Unidos. Vários colunistas esportivos e outros brasileiros me acusaram de ser um fantoche das corporações americanas ou mesmo um traidor da pátria. Porém, eu tinha minhas razões.

Primeiro, eu acreditava que tínhamos uma pequena janela de tempo para assegurar o futuro do futebol no país mais rico do mundo: precisávamos de uma grande explosão de futebol de qualidade para atrair a atenção de todo mundo e, quem sabe, obter um *revival* da liga profissional americana. Segundo, eu acreditava que o Brasil não tinha condições de sediar uma Copa do Mundo. Eu estava satisfeito com a volta de democracia em 1985, mas infelizmente a transição da ditadura para o novo regime tinha sido caótica em muitos sentidos. A situação econômica do Brasil – sempre difícil – nunca tinha estado pior. A pobreza aumentava. A inflação também, na medida em que o governo gastava mais dinheiro do que arrecadava. Você se lembra de quão revoltadas estavam as pessoas no começo dos anos 1960 quando os preços no Brasil dobravam de um ano para outro? Agora, no fim dos anos 1980, os preços dobravam a casa do mês. Quem em sã consciência iria pensar que a gente poderia construir uma leva de estádios novos ou mesmo reformar os que já existiam diante de uma situação dessas? Como eu disse publicamente naquela época: "Um país onde milhões de pessoas passam fome e que tem a maior dívida externa do Terceiro Mundo não pode pensar em bancar uma Copa do Mundo com dinheiro público". Essa foi uma declaração extremamente impopular, mas era a verdade.

Em 4 de julho de 1988 – no Dia da Independência dos Estados Unidos – a FIFA anunciou que os Estados Unidos tinham vencido o direito de sediar a Copa do Mundo de 1994. Eu estava orgulhoso por ter feito a minha parte, e com alegria disse para os jornalistas que aquela decisão era "um sonho que se tornava realidade". Alan Rothenberg, então presidente da Federação Norte-Americana de Futebol me agradeceu pela minha ajuda e depois diria que "o Pelé foi a pessoa mais importante no esforço por trazer a Copa do Mundo para os Estados Unidos da América".

18
Quando finalmente chegou o momento decisivo, a Copa do Mundo dos americanos foi um sucesso ainda maior do que eu tinha imaginado. A média de público próxima dos 69 mil torcedores por jogo ultrapassou com folga o último

recorde, de 51 mil torcedores, que havia sido da Copa do Mundo de 1966 na Inglaterra. A seleção norte-americana jogou bem o suficiente para sair da fase de grupos, mas teve o grande azar de encontrar um adversário bem complicado nas oitavas de final: o Brasil.

Essa partida – que por uma estranha coincidência aconteceu no dia da Independência dos Estados Unidos, 4 de julho – ocasionou uma grande tempestade na imprensa na medida em que os comentaristas se perguntavam até perderem o fôlego: para qual time o Pelé vai torcer? A tensão era ainda maior por causa da longa seca de títulos – 24 anos sem vencer uma Copa –, que combinada aos problemas que atingiam o Brasil em meados dos anos 1990, deixaram o país em xeque. "O nervosismo se espalhou pelo país como uma epidemia" escreveu o *New York Times*. "E não é porque os brasileiros temem os americanos. É que no Brasil só existe dois resultados: vitória ou pânico".

Até hoje ainda consigo rir disso, principalmente porque era – e ainda é – muito verdadeiro! Mas no fim não havia razão para nenhuma ansiedade. Obviamente, eu torci para o meu país natal, enquanto sonhava com um bom desempenho para o país que tinha sido tão maravilhoso e me tratado com tanta generosidade.

O placar final foi perfeito: uma vitória de 1 a zero muito bem disputada pelo Brasil, conquistada diante de 84 mil torcedores que faziam barulho e agitavam bandeiras no estádio de Stanford, Norte da Califórnia. A defesa dos Estados Unidos esteve incrível naquele dia, permitindo que Bebeto marcasse apenas um gol, aos 29 minutos do segundo tempo. Era um resultado que só estaria garantido com o apito final. E mesmo que os Estados Unidos não tenham vencido eles puderam testemunhar o melhor do futebol internacional. A seleção americana iria aprender com o que viu em campo e acabaria avançando ainda mais nas Copas do Mundo seguintes.

E quanto ao Brasil, aquela seleção de 1994 era muito, muito boa. Meu antigo companheiro de seleção e técnico da equipe de 1970, Zagallo, estava de volta, atuando como assistente direto de Carlos Alberto Parreira, o comandante do time de 1994. Tivemos uma incrível safra de jogadores, incluindo Dunga, Bebeto, Romário e um jovem e fenomenal talento chamado Ronaldo – com apenas 17 anos, a mesma idade que eu tinha na Suécia em 1958. Embora Ronaldo não tenha jogado muito em 1994, ele não só terminaria por bater o meu recorde de gols em Copas do Mundo, mas ainda quebraria o recorde o recorde mundial, com 15 gols.

E por falar da Suécia, eles também vieram com uma seleção fantástica naquele ano, e chegaram a nos enfrentar na semifinal. Foi uma partida difícil e parecia que os suecos iam conseguir a revanche daquele dia muitos anos atrás em Estocolmo – até que o Brasil finalmente marcou, aos 35 minutos, com Romário, e assegurou o resultado de 1 a zero rumo ao jogo pela taça.

Na final a Itália jogou com bravura, como sempre demonstrara contra a gente. O tempo regulamentar terminou sem gols – e também a prorrogação. Aquela foi a primeira Copa do Mundo a ser decidida nos pênaltis, o que é um pouco constrangedor. Mas ninguém se importou muito – pelo menos não os brasileiros, que terminaram vencedores.

A multidão explodiu em comemoração. O vice-presidente dos Estados Unidos, Al Gore, desceu até o campo para entregar a taça ao Dunga. E eu também estava lá no campo, muito orgulhoso por estar no país que me adotou e no meu esporte favorito. E ambos, apesar das chances tão improváveis, acabaram conquistando os corações de todo mundo.

BRASIL, 2014

Várias vezes já me perguntaram: "Houve algum momento na sua carreira em que você se deu por vencido? Em alguma vez você já cedeu à pressão em campo?"

Oh, sim, eu digo. E em grande estilo. Mas também foi o momento em que, por sua vez, abriu um dos capítulos mais recompensadores da minha vida.

Em 1969, o ano da Copa do Mundo no México, eu me aproximava de um marco inédito no futebol – fazer o milésimo gol. Isso era considerado uma realização bem difícil, em parte por causa da grande quantidade de partidas que eu precisava jogar para chegar lá. O total de gols da minha carreira incluía os meus jogos pelo Santos, pela Seleção Brasileira e até o ano que joguei com os militares, após a minha volta da Suécia. Depois de ter vencido a Copa do Mundo, eu, como todos os jovens brasileiros durante anos 1950, tive de fazer o serviço militar quando completei 18. Tomei para mim como uma grande mensagem, a de que todos eram tratados com igualdade – e os militares também tiveram seus benefícios com essa situação, incluindo um excelente atacante no time da casa!

Foi um período de muito futebol, suor e trabalho duro. Como eu já contei, o Santos agendou uma quantidade extraordinária de jogos, esperando faturar tanto em arrecadação como em popularidade. Em 1969, por exemplo, eu joguei nove partidas em março, seis em abril e seis em maio. Em junho, o Santos tinha jogos contra os três grandes times paulistas – o Corinthians, o São Paulo e o Palmeiras. Eu também joguei pelo Brasil contra a Inglaterra, os campeões da Copa naquele momento, em uma sofrida vitória por 1 a zero. E por último, no fim do mês, viajei com o Santos para Milão, Itália, para enfrentar o poderoso time do Inter. Aquele seria um mês relativamente tranquilo, com apenas cinco jogos! Algumas pessoas, tanto naquela época como hoje, tentam diminuir a importância do milésimo gol dizendo que se devia mais ao excesso de jogos agendados. A isso eu respondo: eu certamente não tinha controle sobre a nossa agenda de jogos. E talvez eu merecesse algum crédito – quem sabe? – por simplesmente não ter sofrido um colapso por exaustão em campo!

De qualquer forma, a maioria das pessoas achava que era um número a ser celebrado. "Fazer mil gols no futebol era um feito maior em comparação com os 714 *home runs* de Babe Ruth no *baseball*" a agência de notícias Associated Press publicou um vez. O poeta Carlos Drummond de Andrade foi muito gentil ao declarar: "O difícil, o extraordinário, não é fazer mil gols, como Pelé. É fazer um gol *como* Pelé".

O único problema de receber elogios assim é que depois você tem de fazer por merecê-los. E em outubro de 1969, no limiar dos meus 990 gols, eu me sentia fisicamente cansado e também emocionalmente exausto. Eu não gostava nem um pouco de ter tanta pressão sobre mim – era a mesma sensação nervosa que eu iria experimentar anos mais tarde em meus jogos "de despedida". Ninguém se importava de verdade com os meus nervos, nem deveria. Eu era um profissional e estava fazendo o que amava. A cada dia que passava aumentava a presença de fãs e de repórteres do mundo inteiro. Quando jogávamos fora de casa, os times organizavam desfiles, hasteavam as bandeiras e chamavam fanfarras para me homenagear – mesmo eu sendo do time adversário!

Sob o peso de tanta expectativa eu me vi contra a parede. Não conseguia marcar um gol nem se minha vida dependesse disso. Uma partida durante aquela temporada de jogos terminou em zero a zero. Foi o jogo em Salvador, contra o Bahia, primeiro uma bola bateu na trave e depois, em outro momento agonizante de "quase", eu estava na cara do gol quando tive a bola roubada pelo zagueiro.

A situação ficou tão feia que o Santos decidiu me colocar de goleiro num jogo contra um pequeno time em João Pessoa, Paraíba. A decisão em si não era um problema para mim: eu tinha sido goleiro reserva do Santos por muitos anos, graças aos anos jogando no gol em Bauru quando criança. Mas, neste caso, acho que a liderança do clube estava apenas sendo piedosa comigo.

Com o Pelé empacado eternamente no gol de número 999, o Santos tinha um jogo marcado contra o Vasco – onde mais? – no Maracanã, é claro. Eu já participei de muitos jogos importantes naquele estádio ao longo da vida, mas não me recordo de nenhuma partida tão intensa como aquela. A data era 19 de novembro de 1969, o dia da bandeira. O estádio estava lotado. Havia uma banda militar e também soltaram balões de gás em campo. Eu me sentia enjoado, com ânsia de vômito.

Finalmente, de um passe cruzado, recebi uma bola alta, exatamente como eu gostava. Eu estava numa posição ideal para cabecear a bola para o gol. Pulei o mais alto que pude, mantive os olhos abertos exatamente como o Dondinho tinha me ensinado e...

Goooolllllllllllllll!

Mas, espere um pouco – eu nem tinha tocado na bola. Renê, um zagueiro do Vasco, havia pulado junto para me cobrir e acabou acertando a bola, e marcou um gol contra! Eu simplesmente não acreditei! Meu deus, eu pensei, nunca mais vou marcar um gol novamente!

Alguns minutos depois, porém, eu corria com a bola pela área de pênalti, quando fui derrubado. O juiz apitou. Um pênalti! Nem acreditei. Será que era assim que ia ser o milésimo gol?

Sim. Demorei um bom tempo até conseguir me alinhar para o chute, e reparei que estava tremendo um pouco. Mas quando chegou a hora, corri para a bola, fiz uma pequena paradinha para enganar o goleiro e mandei para dentro.

Desta vez era para valer.

Goooooooolllllllllllllllllllllll!!!!!!!!!!!!!

A multidão urrou. Eu corri para o fundo da rede, peguei a bola e mandei um beijo nela. O estádio vibrava com gritos e fogos de artifício. Uma falange de repórteres correu para cima de mim com microfones e câmeras de TV para perguntar como eu me sentia. Eu não tinha preparado nada para dizer, então, no calor do momento, falei o que me veio à mente – e eu dediquei aquele gol às crianças do Brasil. "Nós precisamos cuidar das criancinhas", eu disse. "É disso com que a gente precisa se preocupar".

Por que eu disse aquilo? Alguns meses antes, quando eu saía de um treino no Santos, eu vi um grupo de crianças, talvez com 12 ou 13 anos, do tipo a quem você dá algumas moedas para "ficar de olho no seu carro". É tão comum e ao mesmo tempo é sempre desconcertante. Desta vez as crianças nem usaram a desculpa de que estavam cuidando dos carros, porque eu as flagrei tentando roubar um carro que estava estacionado perto do meu. Eu perguntei o que elas estava fazendo. Elas me ignoraram no começo até perceber quem eu era e então até se animaram um pouco. "Não se preocupe, Pelé", uma delas tentou me tranquilizar. "A gente só rouba carros de São Paulo." Eu ri, de nervoso, e disse a elas que não deveriam estar roubando carro de nenhum lugar!

Elas deram uma risadinha e debandaram. Mas o incidente ficou na minha cabeça e me deixou muito preocupado. Eu também já tinha tido minha parcela de delinquência na infância – lembre-se daquele episódio dos amendoins no vagão de trem que acabaram "financiando" o time do Sete de Setembro na época de Bauru. Mas agora parecia que a vida das crianças brasileiras estava se tornando mais embrutecida, e muito mais perigosa, mesmo com a economia crescendo naqueles anos. Em apenas uma geração, o Brasil havia se transformado de um país em grande parte rural para uma nação de grandes aglomerados urbanos. Muitos dos laços comunitários que eu recordava de Bauru, onde todo mundo conhecia todo mundo, foram destruídos na medida em que as vizinhanças se desfaziam e as pessoas se mudavam para as cidades maiores. Em vez de nadar em rios e roubar manga do pé do vizinho, como a minha geração tinha feito, muitos jovens agora viviam presos dentro de imensos blocos de apartamentos, cercados de muros e experimentando drogas. Parecia, pelo menos para mim, que havia uma diferença enorme entre roubar amendoins e roubar automóveis. E é claro que ter meus próprios filhos tornava essa questão ainda mais pessoal.

Bom, é engraçado como a vida funciona: meu comentário sobre as criancinhas acabou sendo mais marcante e mais importante que tudo o que tinha acontecido naquele dia, inclusive o milésimo gol ou os meus esforços para marcá-lo.

Naquele tempo eu sofri muitas críticas de pessoas na imprensa que disseram que eu estava sendo demagogo ou insincero. Mas eu achava que era importante usar aquele momento, com o mundo me assistindo, para chamar atenção para um assunto urgente e maior que o campo de futebol, para uma questão social que começava a me preocupar demais. E conforme ia ficando mais velho, começava a perceber que o esporte podia – e deveria – ter um propósito maior além de apenas marcas gols, fazer passes e jogar campeonatos. O resultado é que, apesar das dúvidas e de todo o ceticismo, as pessoas no Brasil e no mundo estavam prestando atenção ao que eu tinha para dizer.

2 **Eu estava em um coquetel em Nova York, durante o** meu período no Cosmos, quando fui apresentado a senhora mais velha e muito elegante.

"É um prazer conhecer você, Pelé", ela disse. "Sou Eunice Kennedy Shriver".

Eu havia conhecido o irmão da senhora Shriver, o presidente John F. Kennedy, anos atrás. Achei ele muito carismático e gentil, e fiquei muito triste com a morte dele em 1963. Mas até aquele momento eu sabia bem pouco sobre o resto da família

Kennedy e sobre os trabalhos que realizavam. Então fiquei muito interessado quando, naquela mesma noite, a senhora Shriver começou a conversar comigo sobre a iniciativa que ela havia criado anos antes, em 1968, um programa para encorajar o treinamento físico e a prática de esportes entre pessoas com deficiência mental.

"Nós chamamos o programa de *Special Olympics* (algo como "os Jogos Olímpicos das pessoas especiais")", ela me disse. "E nos sentiríamos honrados se você nos ajudasse a promovê-lo".

Aceitei imediatamente. Nunca conheci um projeto tão valioso. Ao longo dos anos, acabei provavelmente me tornando mais íntimo da senhora Shriver que qualquer outra pessoa nos Estados Unidos enquanto fazia a minha parte para ajudar a promoção dos *Special Olympics*, aparecendo em eventos e indo a encontros com os atletas. A senhora Shriver sempre foi muito boa comigo – era muito séria, muito perspicaz. Ela disse que adorava a felicidade do povo brasileiro, a nossa música e a nossa dança. Mas o foco dela, acima de tudo, era o sucesso dos *Special Olympics*. O que começou como um encontro numa pista de corridas em Chicago, em 1968, com apenas 1.500 atletas, havia se transformado em 1983 em um megaevento, com um milhão de atletas de 50 países. Ter feito a minha pequena parte para ajudar no sucesso do programa foi uma das experiências mais gratificantes da minha vida. Nunca me esquecerei das palavras atemporais da senhora Shriver: "nos *Special Olympics* não são os corpos mais fortes e as mentes mais brilhantes que importam, mas o espírito invencível que supera todas as deficiências".

Eu estava fascinado como a capacidade dos americanos de ao mesmo tempo promover atos de caridade, fazer negócio e incentivar o esporte. Nunca tinha visto nada como aquilo no Brasil. A senhora Shriver era particularmente habilidosa em organizar esse tipo de evento, em que as pessoas podem se reunir para praticar boas ações, divertirem-se e ganhar dinheiro. Um exemplo foi uma grande reunião de pessoas para um fim de semana de três dias na cidade de Washington para levantar fundos para os *Special Olympics* e também promover um filme novo: o *Superman* do Christopher Reeve.

Um monte de gente famosa estava lá, de Steve Ross, o homem do Cosmos, e da jornalista americana Barbara Walters a Henry Kissinger (é claro). A filha da senhora Shriver, Maria, que tinha 23, levou o namorado, um fisiculturista austríaco chamado Arnold Schwarzenegger. Ele era bem mais quietão naquela época – o inglês dele era melhor que o meu, mas não muito melhor. Perguntei se ele tinha jogado futebol na Europa. "Eu prefiro puxar peso", ele disse, sorrindo. "Sou melhor nisso".

Até o presidente Carter e a mulher estavam presentes para a exibição do filme do *Superman*. Kissinger animou a multidão ao falar do seu passado de goleiro na Alemanha. "Quero agradecer a vocês por terem vindo ver um filme sobre a minha vida.", ele brincou. E então, logo antes do *Superman* começar, a plateia foi apresentada a um pequeno filme sobre os *Special Olympics*. Eu me lembro de como a sala ficou em silêncio absoluto enquanto aquelas crianças na tela falavam de quão importante tinha sido para eles terem uma abertura para o esporte.

Essa experiência, além aquecer o coração e do trabalho importante que foi realizado, foi um tremendo aprendizado para mim. Caridade e bom trabalho podiam ser divertidos. E tudo podia ser feito de modo eficiente, com um olho em objetivos específicos e resultados concretos. De posse desse conhecimento, retornei ao Brasil, decidido a fazer aqui tantas coisas boas quanto me fosse possível.

3 No começo dos anos 1990, parecia que a situação no Brasil não tinha como ficar pior. Mas as coisas pioraram mesmo assim. Além dos problemas econômicos de sempre, sofremos uma sequência de tragédias até então inimagináveis e que foram tão horríveis que o mundo inteiro chorou com a gente. Em 1992 ocorreu uma rebelião na Penitenciária do Carandiru, em São Paulo. A polícia militar invadiu as celas e abriu fogo: mais de uma centena de presos foram mortos. Meses depois, em 1993, um grupo de homens armados abriu fogo contra dezenas de crianças sem teto que dormiam do lado de fora da Igreja da Candelária, no Rio de Janeiro. Oito garotos, inclusive um de 11 anos, foram mortos. Descobriu-se que, nesse incidente, os assassinos eram policiais que aparentemente estariam revoltados com a criminalidade no centro do Rio e decidiram que as crianças indefesas deveriam pagar por isso.

O incidente, que ficou conhecido como o Massacre da Candelária, foi tão chocante para mim como para muitos brasileiros. Eu chorei por vários dias. Parecia a realização de todos os meus temores sobre as crianças do Brasil, todas as preocupações que eu havia expressado em 1969. Era a prova de que vivíamos em uma sociedade muito doente, uma sociedade que virou as costas às pessoas mais necessitadas e mais vulneráveis.

O Brasil da minha infância, o país das pessoas muito ricas e das pessoas muito pobres, não havia mudado muito ao longo dos anos, pelo menos nesse aspecto. A distância entre as classes sociais era tão grande como antes, e o Brasil continuava sendo um dos países mais desiguais do mundo. Enquanto isso, nossa população crescia a uma velocidade espantosa: de 60 milhões de pessoas em 1956 – o ano que saí de Bauru num ônibus a caminho de Santos – para mais de 170 milhões em 1990. Quase todo esse crescimento tinha se dado nas cidades; o país rural da minha juventude agora chegava à uma assombrosa urbanização de 80%. Nossas cidades eram imensas, mas a oferta de trabalho era escassa e intermitente. Muita gente vivia vidas curtas e violentas nas favelas de São Paulo e nos morros e favelas do Rio de Janeiro. Poucos de nós acreditavam que a situação iria melhorar.

Em 1994, enquanto ocorria a Copa do Mundo nos Estados Unidos, o Brasil se preparava para uma nova campanha presidencial. Mas eu não dei muita atenção. Por mais que eu evitasse o ceticismo, estava convencido de que a política e os políticos iriam ser sempre parte dos problemas do Brasil, e nunca parte da solução. A minha história com certeza havia me ensinado a pensar dessa forma.

O candidato eleito, porém, era um pouco diferente dos presidentes do passado. Era um sociólogo de renome, vinha de São Paulo, e se chamava Fernando Henrique Cardoso. Ele havia estudado de perto a pobreza e suas causas, e tinha produzido estudos nos anos 1950 que demonstravam como os brasileiros negros eram afetados pela falta de oportunidades econômicas. Fernando Henrique, como as pessoas o chamavam, tinha sido um esquerdista durante a ditadura, tendo até se exilado no Chile e na França. Mas ele continuou a evoluir o seu pensamento e estava agora determinado a fazer do Brasil um país moderno, com uma economia vibrante e integrada. Não era uma pessoa carismática, e embora falasse fluentemente francês, espanhol e inglês, às vezes tinha de se esforçar muito para falar na linguagem que o brasileiro comum pudesse entender. Mas, como ministro da fazenda do governo anterior, ele havia conseguido domar o velho problema brasileiro da inflação. Os preços haviam subido incríveis 2.500% em 1993, o pior ano que já tivemos. Mas na metade de 1994 os preços quase não saíram do lugar. Esse sucesso inesperado levou Fernando Henrique a concorrer à presidência. Ele não tinha problemas com usar o futebol para ajudar na sua agenda política. Nesse aspecto, pelo menos, acho que era bem parecido com seus predecessores. Em primeiro de julho de 1994, a três dias do jogo da Copa entre o Brasil e os Estados Unidos na Califórnia, Fernando Henrique lançou uma nova moeda, o real. Ele esperava conseguir estabilizar os preços ainda mais. É claro que o futebol não teria impacto direto no sucesso ou fracasso de uma nova moeda. Mas, como o próprio Fernando Henrique diria mais tarde, ele achava que os brasileiros teriam mais aceitação pela moeda se estivessem de bom humor e confiantes no Brasil. E que maneira melhor para conseguir isso que vencendo a Copa do Mundo?

Então Fernando Henrique decidiu apostar o seu destino no sucesso da seleção nacional, e convidou jornalistas e outras pessoas para o seu apartamento para assistir ao último jogo enquanto ele se sentava diante da TV e torcia pelo Brasil. Era uma aposta arriscada – afinal, o Brasil não ganhava uma Copa havia 24 anos! Mas obviamente tudo funcionou e o Brasil venceu a Itália naquele dia no estádio Rose Bowl.

Coincidência ou não, o lançamento do real também estava sendo um sucesso. Fernando Henrique venceria a eleição com folga alguns meses depois. Política e futebol – juntos novamente no Brasil. Eu não conseguia acreditar.

No final de 1994, logo antes da posse, fui convidado a encontrar Fernando Henrique em Brasília. Eu não sabia o que me aguardava. Ele era bem educado e mais centrado e realista do que eu podia imaginar. "Uma das coisas que eu quero fazer é colocar mais crianças na escola" Fernando Henrique disse. "Nós acreditamos que com o tempo isso vai resolver muitos dos problemas brasileiros".

Aquilo soava excelente, mas eu não conseguia entender qual era a relação comigo, então ele foi direto ao ponto: "Pelé", ele disse, "eu gostaria que você fosse o ministro extraordinário dos esportes no meu gabinete".

Puxa, essa não era uma ideia nova. Eu me senti lisonjeado, é claro. Mas nos últimos dez anos, três presidentes já haviam me oferecido o cargo e eu havia recusado. Eu contei isso para ele, agradeci polidamente e me preparei para ir embora.

"Bom, eu entendo", ele disse com tranquilidade. "Mas e aquele seu apelo sobre as crianças do Brasil quando você fez o milésimo gol?"

Fernando Henrique disse que queria fazer do esporte parte fundamental do seu plano para convencer as crianças a irem para escolar. "Essa seria uma oportunidade para você fazer algo de concreto, algo real, para ajudar as crianças. Vamos, Pelé. O que você acha?"

Eu me lembro de ter pensado: rapaz, esse cara é bom! Talvez fosse a hora de eu parar de falar da política brasileira e fazer algo de verdade que fizesse uma diferença positiva. E quase contra a minha vontade, acabei me vendo dizer "sim" para o convite de Fernando Henrique. Depois de tantos anos reclamando da política agora eu ia fazer parte do sistema.

4

Eu sempre fui uma pessoa descontraída, um cara informal e relaxado, mesmo para os padrões brasileiros – e vivemos num país que não é bem conhecido pelo uso de ternos e gravatas em qualquer lugar e situação. Então a pompa e o decoro de Brasília me chocaram de início. A capital do país é uma cidade de títulos elaborados, ternos escuros, sedãs pretos e discursos – você tem de nomear todas as pessoas importantes numa sala antes de poder dizer qualquer coisa simples ou mesmo relevante! Nem meus amigos sabiam mais como me chamar. Ministro Edson? Ministro Pelé? Já tive todo tipo de apelido, inclusive alguns que faziam referência à minha etnia, como negão e crioulo. Gente que me conhecia há décadas se aproximava de mim naqueles primeiros meses no ministério e dizia:

"E aí, crioulo, como é que vai?"

E então se envergonhavam e diziam:

"Oops, desculpe, Ministro Edson..."

Eu só conseguia rir e dizia para eles: "Não, não, relaxa..."

Tudo era uma experiência nova para mim, mas eu me sentia muito orgulhoso da minha nova posição. Era uma honra poder servir ao meu país e de um modo oficial, e eu me sentia grato pela confiança depositada em mim pelo presidente e pelos brasileiros. E também estava orgulhoso de ser o primeiro ministro negro a compor um gabinete na história do Brasil. Que esse fato acontecer depois de passados quase 200 anos desde a Independência do Brasil mostrava o quanto os afro-brasileiros tiveram de lutar para encontrar oportunidades. Eu estava contente por poder ajudar a derrubar as barreiras, para que tanta gente mais pudesse seguir meus passos, e muitos logo seguiram.

Para a minha surpresa e alegria, descobri que era sim possível realizar algumas coisas em Brasília. Como o Fernando Henrique havia prometido, nosso maior foco era convencer as famílias a mandarem seus filhos para a escola. Isso iria atender vários dos problemas urgentes do Brasil, incluindo talvez o maior: a pobreza. Um estudo de 1992 mostrava que 15% das nossas crianças apresentavam sintomas de má nutrição. Obviamente, isso trazia consequências terríveis não só para o presente como também para o futuro do país. No total, cerca de 32 milhões de crianças por todo o Brasil viviam na pobreza – um número maior que a população do Canadá. Nós acreditávamos que se a gente conseguisse botar as crianças na escola e mantê-las por lá, podíamos assegurar que em pouco tempo elas estariam comendo melhor, e poderíamos deixá-las livres das más influências da rua que muitas vezes levam ao crime. No longo prazo, daríamos às crianças uma educação – que era certamente uma etapa necessária para tirar as pessoas da pobreza.

Uma das ideias do Fernando Henrique era um programa chamado "Bolsa Escola", que fornecia às famílias um valor mensal de algumas centenas de reais enquanto as crianças continuassem a frequentar a escola. Isto foi muito importante – e, de fato, iria marcar um ponto de virada na educação brasileira e também nas vidas de muitas pessoas pobres. Mas eu sabia de experiência própria que as crianças ainda precisavam de um incentivo – elas precisavam de mais que bons motivos para ir para a escola. Afinal, se tivesse existido futebol na minha escola lá em Bauru eu poderia ter matado menos aulas quando era criança!

Então, com a ajuda de muitas pessoas dedicadas do Ministério dos Esportes e de outros lugares, começamos um programa de estruturas esportivas de baixo orçamento, como campos de futebol e quadras de basquete em várias das comunidades mais carentes. Nós chamávamos essas instalações de "Vilas Olímpicas". O nome ajudava a espalhar a impressão de coisa grande e importante, mas os custos de cada vila ficavam abaixo de 1 milhão de dólares. Como o governo brasileiro ainda tinha poucos recursos naqueles dias, era mais fácil conseguir dinheiro de fontes privadas, como a Xerox. As crianças podiam usar as vilas sempre que quisessem, mas para entrar – e este era o ponto importante – elas tinham de provar que estavam frequentando regularmente as aulas. Esse requisito tinha dois benefícios: dava às crianças um motivo para frequentarem a escola e também as mantinha afastadas da rua depois da escola, longe das drogas e de outros problemas, mesmo que por apenas algumas horas.

Era uma ideia simples, mas, gente, era uma ideia eficaz. Em muitas das vizinhanças onde instalamos as vilas a presença nas escolas ia às alturas enquanto a criminalidade juvenil caía, e em alguns casos se aproximava de zero.

Em 1997, o presidente Bill Clinton e sua mulher Hillary visitaram o Brasil e foram conhecer um caso especial de sucesso, a Vila Olímpica da Mangueira, que sempre foi uma comunidade pobre. O presidente Clinton fez um discurso em que saudou o sucesso do programa e parabenizou um dos estudantes da comunidade de Mangueira que era o primeiro da sua família a entrar numa universidade.

Depois o presidente Clinton e eu fomos até o campo de futebol. "Pega leve comigo", ele disse, rindo. Eu sorri e a imprensa riu e tirou várias fotografias enquanto a gente brincou um pouco com a bola.

O presidente Clinton nem era ruim de bola! Mas, para ser franco, os meus pensamentos estavam bem longe do futebol. Eu estava muito feliz e orgulhoso pelo que havíamos realizado. Naquele momento na Mangueira eu senti como se fosse a realização das coisas pelas quais tinha lutado e me esforçado. O meu sucesso no futebol tinha me dado uma plataforma para fazer a diferença. A minha educação também havia de me dado a capacidade para isso. A confiança depositada pelas pessoas em mim e o trabalho duro dos meus colegas no Ministério tinham resultado na criação de um projeto que realmente tinha feito uma diferença positiva na vida das crianças. Aquele era um momento para se sentir orgulhoso, tanto para o Edson como para o Pelé.

5 O trabalho com as crianças foi de longe o mais recompensador nos meus tempos de ministro. Também ajudamos a organizar campeonatos de futebol entre as nações indígenas e jogos entre os presos de nossas cadeias. Mas havia outro grupo que eu também queria ajudar: os jogadores de futebol. E enquanto possa não parecer à primeira vista uma população que precisasse da nossa assistência, dado todos os outros brasileiros em necessidade naquele momento, a verdade era que havia passado do tempo a necessidade de alguma ação do governo.

Olhando de fora, a impressão é de que futebol profissional brasileiro está indo muito bem. Afinal de contas, temos uma das mais ricas tradições futebolísticas do mundo, uma imensa base de fãs e um fluxo sem fim de talentos locais. Então deveríamos ter uma das melhores federações de futebol, certo? Errado. No início dos anos 1990 os times brasileiros mal tinham recursos para pagar o salário de seus jogadores, em parte porque o repasse dos fundos se perdia devido à corrupção. Ninguém tinha ideia de para onde iam os milhões de dólares da venda de jogadores e da arrecadação de bilheteria. Os próprios estádios sofriam com a falta de segurança devido ao crescimento da violência na nossa sociedade, algo do qual o futebol não estava imune. Como resultado, as famílias começaram a se afastar dos jogos e as grandes arenas – até mesmo o Maracanã – muitas vezes só recebiam metade do público.

Enquanto isso, as regras e os regulamentos – e em alguns casos a falta deles – destituíam os jogadores dos direitos mais básicos. Não havia planos de aposentadoria, auxílio médico nem seguro de vida para os jogadores brasileiros. Os jogadores não tinham nem o direito à autonomia, de serem livres-negociadores quando o contrato deles se encerrava. Se um jogador não chegasse a um acordo com o time onde estava, o time podia proibi-lo de ir jogar em outro lugar. Era quase servidão. Enquanto um punhado de estrelas jogava na Europa ganhando grandes salários, a maioria dos jogadores no Brasil mal tinha o suficiente para viver.

Por causa das minhas viagens pelo mundo, eu sabia que o Brasil não era o único a sofrer com esses problemas. Nos anos 1990 as federações da Grã Bretanha, da Europa e do Oriente Médio também lutavam contra a baixa presença do público. Os *hooligans*, que alguns acreditam que tenham surgido dos processos de marginalização e desenraizamento cultural dos anos 1960 e 1970, espantavam milhares de torcedores. Enquanto isso, as agências do governo que administravam o futebol tinham ficado poderosas demais. Todo o dinheiro e o prestígio que havia entrado em nosso "jogo bonito" dos anos 1970 e 1980 tinha rapidamente conferido aos presidentes e dirigentes das federações nacionais e mundiais de futebol um tremendo poder e muito prestígio, mas ninguém havia implementado leis e regras para lidar com a nova realidade e assegurar um uso mais justo de todo aquele poder – e livre de corrupção.

Na verdade, por muitos anos eu me incomodei com o modo como o dinheiro parecia escorrer do futebol. Eu me lembrava de todos aquelas partidas que joguei com o Santos, todas aquelas turnês que fizemos pela Europa, pela África e pelos Estados Unidos, e em como os clubes misteriosamente nunca pareciam mais ricos. Nossos vestiários e as instalações de treino nunca eram de primeira, para dizer o mínimo. Houve um ano, depois de nossa tradicional viagem à Europa para algumas partidas, que uma mala de dinheiro com os ganhos do time simplesmente desapareceu. Um dos dirigentes do time saiu do avião para tomar um café e disse que alguém pegou a mala dele. Parecia coisa de Missão Impossível! Ah, a gente riu do que aconteceu, mas essas coisas eram na verdade motivo de choro.

A questão de permitir a livre negociação de atletas me incomodava de tal modo que eu já falava disso com os políticos desde o início dos anos 1970. Eu e um grupo de jogadores do Santos voamos para Brasília para nos encontrarmos com o presidente Médici para discutir essa questão após um incidente em nosso time. Um dos companheiros do time tinha namorado a filha de um dos membros da diretoria. Depois de uma discussão do casal, o membro da diretoria insistiu para que o jogador fosse removido da lista dos titulares – e logo depois não só foi demitido como o proibiram de assinar com qualquer outro time. As leis trabalhistas brasileiras protegiam praticamente todas as outras profissões desse tipo de situação, mas os jogadores de futebol eram tratados como cidadãos de terceira-classe.

O presidente Médici pareceu muito compreensivo, mas terminou optando pela saída mais fácil: não fazer nada. Agora que eu era ministro dos esportes, estava determinado a encampar essa questão. Propus um conjunto de reformas com o objetivo de ajudar tanto os jogadores brasileiros como os próprios times. Não apenas daríamos aos jogadores o direito de serem livres-negociadores, como também aprovaríamos uma lei que obrigava os clubes de futebol a apresentarem anualmente balanços financeiros auditados. E isso provavelmente resultaria em bem menos malas de dinheiro desaparecendo.

A autonomia de negociação para os jogadores era claramente uma ideia cujo tempo havia chegado. Mas no segundo ponto, sobre a transparência financeira, tivemos menos sorte. Praticamente todos os clubes de futebol do país se rebelaram contra a proposta, porque os diretores sabiam que isso significaria a perda de certos privilégios. Eles até montaram um grupo de *lobby*, com escritório em Brasília, cujo trabalho era fazer pressão dia e noite contra a proposta de lei. Em paralelo, houve alegações de corrupção no ministério e tive que demitir 14 pessoas. Todos os dias saíam artigos na imprensa me criticando por tentar destruir o futebol brasileiro, quando eu estava obviamente tentando fazer o oposto.

Em 1998, uma proposta finalmente foi aprovada – ela ficou conhecida como "Lei Pelé". Mas tinha perdido quase todo o seu caráter, mantendo apenas a mudança para permitir a livre-negociação dos jogadores, então, em retrospecto, penso que talvez não mereça o meu nome.

Ser crucificado diariamente na imprensa não era algo ao qual eu estava acostumado. Não foi divertido – nem um pouco. Eu só estava tentando melhorar o futebol até onde era possível. Só estava tentando tornar a profissão do jogador tão digna como o futebol em si. Depois de todos esses anos, isso ainda não aconteceu. Muitos clubes têm sofrido com dívidas imensas e os jogadores ainda lutam para ganhar o suficiente para terem uma boa vida. Lá fora, muitas federações que enfrentavam os mesmos problemas nos anos 1990 hoje estão um pouco melhor, graças a melhores sistemas de previdência e saúde e a gestões mais profissionais. É uma vergonha que o meu país continue patinando em tantas questões. O futebol brasileiro e os fãs do futebol brasileiro mereciam mais.

6 O sucessor de Fernando Henrique, Luís Inácio Lula da

Silva, seria outro a quebrar o molde de como um presidente brasileiro deveria ser. Nascido em uma família nordestina de 23 irmãos, Lula e sua família migraram para São Paulo na traseira de um caminhão quando ele ainda era criança. Ele foi a primeira pessoa da classe trabalhadora a se tornar presidente e, como eu, havia realizado várias coisas na vida apesar de ter tido pouca educação formal. Lula era uma inspiração para muitos, não só no Brasil, mas ao redor do mundo.

Lula podia ser bem divertido e muito charmoso. Era um grande fã de futebol – e foi eleito logo após o Brasil vencer sua quinta Copa do Mundo, em 2002. Mas o seu time de coração sempre foi o Corinthians, contra o qual, como eu já disse, sempre me dei bem. Nas primeiras vezes em que encontrei Lula ele ria e dizia "Ah, Pelé, seu filho da mãe, como você e o seu maldito Santos me fizeram sofrer." Ele também pediu para se desculpar com dona Celeste por tantas vezes que a tinha xingado enquanto me via jogando.

E nós ríamos e ríamos.

Sempre me dei bem com o Lula. Mas fiquei extremamente desapontado quando descobri, logo depois de sua eleição, que ele iria desmanchar as Vilas Olímpicas. As vilas tinham sido muito bem sucedidas, mesmo depois que eu deixei o ministério. Eu pedi para o Lula reconsiderar. Mas ele disse que queria encerrar o programa, aparentemente porque o partido dele tinha um projeto diferente. Veja bem, não um projeto melhor – mas um diferente. Então os recursos paras as vilas foram cortados.

Essa é uma das coisas que eu nunca entendi sobre a política. Os políticos estão tão ocupados lutando uns contra os outros e tentando destruir as benfeitorias do outro em interesse próprio que não pensam no que é melhor para o povo. Na minha concepção o fim das vilas foi a prova final de que a política não era o meu jogo.

Dito isto, reconheço um monte de mudanças positivas no Brasil e no mundo ao longo dos últimos 20 anos. Aqui no Brasil, cerca de 35 milhões de pessoas saíram da pobreza e entraram na classe-média – o equivalente a quatro vezes a população da cidade de Nova York. O velho problema brasileiro – da desigualdade social e econômica – também melhorou. Alguns aspectos do Brasil doentio e faminto – do qual os médicos da Seleção Brasileira tentaram nos "salvar" em 1958 – desapareceram. Por exemplo, em 1950, a média de vida do brasileiro era de apenas 46 anos, comparada com a média de 69 anos nos Estados Unidos. Uma diferença enorme. Hoje os brasileiros têm uma expectativa de vida de 73 anos, apenas cinco atrás dos Estados Unidos. Não é coincidência que essa melhoria tenha ocorrido durante o aumento dramático das matrículas escolares, graças em parte aos programas que ajudamos a implementar nos anos 1990. Agora o Brasil tinha praticamente todas as crianças matriculadas no ensino primário. Por razões pessoais, por causa do meu próprio passado, isso me traz uma satisfação enorme. Essa é uma realização que vai continuar a trazer benefícios pelas próximas décadas.

Falando do Brasil, muitas pessoas tendem a atribuir o nosso progresso aos dois últimos presidentes. E é verdade: Fernando Henrique e Lula fizeram muitas coisas boas. Mas eu viajei o suficiente pelo mundo para saber que o Brasil não é um caso isolado. O mesmo progresso que comemorei no Brasil tem se repetido em dezenas de outros países. Globalmente, o número de pessoas vivendo em extrema pobreza – geralmente definida por viver com menos de US$ 1,25 por dia – caiu quase um bilhão desde 1990. Vi mostras disso em minhas viagens a serviço do Unicef e de outras organizações para a África, o sudeste da Ásia e o resto da América Latina. Ainda há muita pobreza no mundo, mais do que deveria existir. Mas, com algumas exceções, você não encontra mais o mesmo grau de miséria que antes. As faces marcadas pela fome, pela doença e pelo desespero – os rostos que me recordo muitas vezes de quando eu era criança e em minhas primeiras viagens como jogador – são em menor número e menos frequentes.

Há muitas motivos para explicar essa melhoria. Mesmo que eu os entendesse perfeitamente, não tentaria explicá-los aqui. Mas eu sempre acabo olhando para as minhas próprias experiências e para o modo como o mundo era em 1950, quando os brasileiros se uniram pela primeira vez como uma nação para ouvir a final da Copa no Maracanã. Depois daquele dia as pessoas pareciam mais conectadas ao Brasil como uma nação e mais inclinadas a pensarem nelas mesmas como parte de uma comunidade. E uma vez que a gente se uniu, nunca mais conseguimos nos dispersar completamente. Nos anos 1960, quando as pessoas passaram a dar mais atenção ao mundo ao redor, elas passaram de exigir mais direitos para si mesmas e para os pobres, em parte porque queriam que o Brasil fosse tão bom na vida real como era no campo de futebol. Eu penso em como, por volta daquela mesma época, a gente começou a enfatizar menos as nossas habilidades individuais e passamos a pensar mais em trabalho de equipe e colaboração. Esses valores por sua vez estão se tornando cada vez mais aceitos ao redor do mundo, não apenas no campo de futebol.

Mais recentemente, à medida que o esporte se enriquece, tenho visto muitas e muitas vezes os frutos de como a popularidade do futebol têm sido usada para ajuda as vidas das pessoas menos afortunadas, seja por meio de doações direitas e para escolinhas de futebol ou outro programa valioso que dê estrutura para os jovens jogarem futebol. Falando da minha experiência pessoal – uma vez que um menino ou uma menina pisa num campo de futebol, eles se sentem igualados a qualquer um na vila onde vivem, e se sentem em pé de igualdade com o mundo. Esse sentimento de orgulho e de autonomia – uma vez que você experimenta nunca mais consegue perder. Esses jovens passam a exigir mais de seus políticos. Eles exigem para si mesmos e para suas famílias. E é assim que deve ser.

Sim, eu realmente acredito que o futebol tem ajudado a fazem do mundo um lugar melhor. Pode não ser o fator principal – mas a sua contribuição é importante. Os valores que o esporte ensina são universais. Eles me fizeram uma pessoa melhor, assim como tantas e tantas outras.

7 **Depois de todos aqueles gols e de todos aqueles campeonatos, qual você considera o gol mais bonito da história do Brasil?**

Seria o gol de Carlos Alberto que coroou a "Bela Seleção" na final contra a Itália em 1970?

A bomba de Didi que definiu "os três melhores minutos do futebol" contra a União Soviética em 1958?

Ou a minha cabeçada contra a Suécia no ultimo minuto daquela mesma Copa do Mundo?

Nenhuma das anteriores. O gol que as pessoas ainda mais comentam, que é visto e revisto na cabeça de todos os brasileiros, continua sendo o gol de Alcides Ghiggia que definiu a vitória contra nós no Maracanã em 1950.

Já se passaram 64 anos! E ainda assim...

Uma grande parte da permanência daquele gol em nossas mentes se deve ao fato de que o Brasil nunca havia sediado uma Copa antes. Mesmo que o Brasil tenha ganho mais Copas do Mundo que qualquer outro país, e nós temos cinco, a maioria dos nosso rivais teve o prazer de vencer a Copa em casa – a Argentina, a Alemanha (quando era então Alemanha Ocidental), a Inglaterra, a Itália... menos a gente. Acredite em mim, eu vi: nada se compara a comemorar a Copa do Mundo no seu próprio país. O patriotismo, a loucura da multidão, a sensação de orgulho dos jogadores, não tem nada igual.

O Brasil era um dos finalistas na disputa para hospedar a Copa de 1994, uma disputa contra a qual eu me opus porque acreditava que o nosso país precisava aplicar os seus recursos em outras e mais importantes questões, como já declarei. Mas em meados dos anos 2000, na medida em que a economia melhorava, tínhamos a impressão de que havia um pouco mais de oxigênio. Enquanto isso, o governo Lula prometeu que não gastaria um centavo do dinheiro público em estádios para a Copa do Mundo. Ele também havia prometido que usaríamos a Copa como uma desculpa para construir todos os tipos de estadas, transporte público, aeroportos e outros projetos que o Brasil tinha deixado de lado por anos, ou mesmo décadas. Parecia um negócio muito bom, e eu estava muito entusiasmado quando o Brasil ganhou a sede da Copa do Mundo de 2014. Nós também ganhamos o direito de sediar os Jogos Olímpicos de 2016 no Rio de Janeiro, e isso também me deixou contente e orgulhoso.

Infelizmente, as coisas não saíram conforme o prometido. O plano de usar bancos do setor privado para financiar os estádios nunca saiu do papel, e em vez disso acabamos usando financiamento público. Vários dos grandes projetos de infraestrutura acabaram sendo cancelados ou adiados, e a construção dos estádios ficou atrasada e estourou os orçamentos previstos. Acho que, de todas as pessoas, eu já devia saber que seria assim. Afinal de contas, se você faz um orçamento de 100 milhões de dólares para um estádio, ninguém vai construí-lo por 90 milhões e depois dizer: "aqui, você pode pegar o resto do dinheiro de volta." Principalmente no Brasil e principalmente no futebol brasileiro.

Em meados de 2013, muitos brasileiros estavam revoltados com tudo isso e organizaram protestos nas ruas durante a Copa das Confederações, o campeonato de aquecimento que acontece um ano antes da Copa do Mundo no país anfitrião. Muitas pessoas estavam furiosas com o fato de o governo havia destinado financiamento público para a construção e reforma dos estádios em vez de atender hospitais, escolas e outros serviços públicos. Um manifestante até mostrou um cartaz que dizia "Japão, troco o meu futebol pela sua educação".

Como uma pessoa que já cometeu a heresia de se opor à Copa do Mundo por achar que o Brasil não tinha condições de bancá-la, eu apoiei muitas das coisas que os manifestantes estavam dizendo. Há muito com o que se revoltar no Brasil. Entretanto, eu me chateio um pouco quando a política respinga para dentro do campo de futebol; já vi isso acontecer muitas vezes quando era jogador, e sempre me deixou triste. Algumas pessoas na internet estavam encorajando os torcedores a ficarem de costas durante a exibição do Hino Nacional, por exemplo. Felizmente os jogos seguiram em frente conforme o planejado. O Brasil acabou até vencendo a Copa das Confederações e os torcedores ficaram satisfeitos.

Eu acredito que a Copa do Mundo de 2014 vai ser uma grande diversão – talvez a gente tenha algumas confusões em termos de logística, mas de qualquer forma vai ser bem divertido. Os estádios estarão cheios de torcedores entusiasmados, as praias estarão imaculadas e a bebida estará rolando. O Brasil sabe fazer uma festa e a nossa tradição no futebol não fica em segundo lugar para ninguém. Somos conhecidos pela hospitalidade e o nosso povo está ansioso para dar as boas-vindas aos 300 mil visitantes previstos. E também contamos com bons jogadores na seleção. Tenho muita convicção de que o Brasil e o futebol brasileiro irão conquistar mais uma nova geração de fãs pelo mundo inteiro.

E se a gente terminar enfrentando o Uruguai na final no Maracanã, meu Deus. Talvez eu fique nervoso demais para assistir. Talvez eu prefira em vez disso acompanhar minha mãe à igreja.

8
Em meu escritório em Santos há na parede uma fotografia de Dondinho, ladeado pelo por mim e pelo meu filho Edinho. Meu filho e eu estamos beijando as bochechas do Dondinho. Essa imagem me lembra de um dos meus dias mais felizes, quando o Edinho e eu estávamos jogando futebol num campinho em nossa casa no Guarujá enquanto meu pai ficava sentado nos observando. Então ele começava a gritar algumas instruções: "de lado, chuta de lado, vai!" E finalmente, quando ele não conseguia mais se segurar, ele se levantava sorrindo e dizia: "bem, meninos, passem a bola pra cá! Eu também tenho alguma intimidade com a bola, sabiam?"

Três gerações da família Nascimento, jogando futebol e dando risada. Nada podia me fazer mais feliz. Meu pai se foi em 1997, por causa do coração. Desde então o futebol não foi mais o mesmo para mim. E sinto falta dele todos os dias.

Quando Dondinho morreu, minha mãe me surpreendeu com uma relíquia – minha caixa de engraxate de Bauru. Eu arregalei os olhos quando a reconheci. Pensei que estivesse perdida há mais de cinquentas anos – eu nem podia imaginar que a minha mãe ainda guardava aquela caixa. Mas estava lá, com a velha escova dentro e um pouco de graxa endurecida. Quando eu abri a caixa, apareceu uma moedinha velha – uma moeda de 400 réis. Ao longo da minha vida o Brasil teve sete ou oito moedas diferentes em circulação, devido a todos aqueles problemas econômicos que tivemos, e é impossível guardar na memória quanto cada moeda valia. Mesmo assim, acho que eram alguns trocados consideráveis lá nos anos 1950, principalmente para uma família pobre como a nossa.

"O que é isso?", eu perguntei.

"Esse é o primeiro dinheiro que você ganhou", minha mãe disse com delicadeza. "Eu guardei porque você tinha dado duro para ganhar esse dinheiro."

Bom, vocês já me conhecem o suficiente para saber o que eu fiz em seguida! Foi realmente um momento emocionante para nós dois. E me lembra de quão afortunado eu fui por toda a minha vida. Fui abençoado por Deus com um talento especial, e tive sorte suficiente para usar esse talento e tirar proveito dele. Fui capaz de construir uma boa vida para mim e também pude dar apoio a muitas pessoas queridas.

Agora estou na oitava década da minha vida e desconfio que tenha começado a desacelerar um pouquinho – para reservar mais tempo para a pessoa do Edson. Quando estou no Brasil, em minha casa nos arredores de Santos, eu passo muito tempo numa pequena horta nos fundos do meu terreno. Eu mantenho algumas hortaliças, um pouco de couve-manteiga, cebolinhas e outros vegetais. Sou conhecido por passar horas e horas ali, arrancando ervas daninhas e regando as plantas. Geralmente é só eu e meus pensamentos; na verdade, eu brinco que meu jardim é meu "psicólogo".

E mesmo lá, na tranquilidade daquele canteiro verde e caloroso, as recordações da vida que vivi estão sempre presentes. Em uma visita à Tailândia, no final dos anos 1970, eu me lembro de ter provado uma fruta que achei especialmente saborosa – a lichia, que cresce numa árvore nativa do sudeste da Ásia. É uma coisinha deliciosa, uma polpa doce e suculenta dentro de uma casca espinhosa. Não havia lichias no Brasil naquela época. Então – que todos me perdoem – mas depois de matutar um pouco, decidi contrabandear algumas sementes para o Brasil. Enfiei as sementes de lichia no fundo dos meus sapatos. Meu coração batia acelerado quando eu passei pela alfândega! Mas escapei ileso, e plantei algumas sementes no quintal dos fundos de casa. Hoje são árvores de bom tamanho, e continuam a dar fruto. O Brasil e o mundo se tornaram mais abertos desde então, e você consegue encontrar lichia em vários bares e restaurantes de São Paulo e outros lugares do Brasil. Mas toda vez que olho aquelas árvores eu me recordo das minhas viagens e penso em como o mundo mudou bastante.

De fato, o mundo nunca está muito distante de mim. Eu continuo viajando, trabalho para organizações como o Unicef e tenho atuado como embaixador global para os esportes. E também me dedico a meus negócios, com a ajuda da Legends 10, a agência que cuida da minha marca e da minha agenda pelo mundo e com a qual desenvolvo projetos para deixarmos um legado às gerações futuras. De modo muito gratificante, muitas pessoas continuam interessadas em mim. Faço tudo o que posso para deixá-las contentes, especialmente as crianças.

E tenho alguma causas de estimação para cuidar. Uma delas é o bem-estar dos meus colegas dos times de futebol dos anos 1950 e 1960. Muitos deles hoje passam por problemas de saúde, prejudicados fisicamente e lutando para sobreviver financeiramente. Acredito que todos nós ficamos devastados com o que aconteceu com o Garrincha, que estava doente e falido no fim da vida. Muitos de nós se ofereceram para promover jogos beneficentes no Maracanã para ele, ou tentaram dar algum dinheiro, mas ele sempre recusava, dizendo que estava bem. Acho que para quem trabalhou a vida inteira, e já foi um dos melhores do mundo, é difícil aceitar ajuda dos amigos. Então hoje nós lutamos para convencer o governo a providenciar algo mais formal: alguma ajuda financeira para esses campeões aposentados dos campos em troca de tudo o que fizeram pelo Brasil.

Eu ainda vejo muitos dos meus colegas da seleção brasileira e do Santos. Muitos de nós – Pepe, Zito, Coutinho e eu – temos ido ao mesmo barbeiro em Santos a cada duas semanas, como reloginhos, pelos últimos trinta anos. E sempre damos boas risadas. Há dois ou três restaurantes naquela cidade onde nos encontramos para o aniversário de alguém. Tem sido muito bom manter essas velhas amizades. Só no ano passado, em 2013, nós perdemos o Djalma Santos, o Nilton De Sordi e o Gylmar dos Santos – meu colega querido em cujo ombro eu chorei na comemoração de nossa vitória contra a Suécia. Esses caras tinham respectivamente 84, 82 e 83 anos – tiveram uma vida longa e boa. A morte é parte da vida, algo que acontece para todos. Mas ainda assim eu sinto falta deles.

Estamos tentando levantar um Museu do Pelé lá em Santos. Muita gente contribuiu, incluindo o arquiteto Oscar

Niemeyer, que antes de morrer, aos 104 anos, teve a grande gentileza de projetar um obelisco que iremos colocar do lado de fora do museu.

As minhas maiores alegrias vêm da família, sempre vieram. Todos os meus filhos me encheram de orgulho, cada um à sua maneira. A Kelly Cristina mora em Nova York e é mãe de quatro filhos. O Edinho atua na comissão técnica do Santos. Minha filha Jennifer é formada em filosofia e é tradutora. A Flávia é fisioterapeuta e me ajudou na recuperação depois da minha cirurgia recente no quadril. E a Sandra foi vereadora da cidade de Santos antes de ter ido embora mais cedo por causa do câncer, mas deixou dois meninos, que hoje são adolescentes e jogam em um time de futebol na grande São Paulo. Os meus gêmeos, filhos do segundo casamento, Joshua e Celeste (ela recebeu o nome da minha mãe) também são adolescentes agora. Celeste mora e estuda na Flórida, com a mãe dela, e Joshua joga no time juvenil do Santos. Eu digo para ele – como disse para todos os meus filhos – para não se preocuparem com seguir meus passos como jogador de futebol nem com tentar ficar famoso. Cada pessoa neste planeta, incluindo cada um dos meus filhos, tem o seu talento especial e o seu lugar no mundo. Se esse talento permitir que a pessoa tenha a atenção de todo mundo e faça a alegria das pessoas, muito bem. Mas isso não importa de verdade, o que importa mesmo é descobrir qual é o seu talento e cultivá-lo.

Afinal, eu sou testemunha de como a fama pode ser passageira. No meu escritório há também uma fotografia que mostra eu, aos dezessete anos, apertando as mãos de um homem de terno depois que ganhamos a Copa de 1958. A foto está pendurada ao lado de outras fotos minhas posando com figuras conhecidas, como papas e presidentes. Todo mundo que vem me visitar pergunta: "Quem é esse homem de terno?" E isso sempre me faz rir. Aquele homem era o monarca da Suécia, o Rei Gustavo. Naquele momento ele era o líder do país anfitrião da Copa e talvez estivesse no centro das atenções do mundo. E mal passou meio século e a maioria das pessoas não sabe mais quem ele foi. Há uma lição importante aí.

Quando olho para trás, não é a fama ou o dinheiro que foram mais importantes. O que eu sinto no meu coração é que o futebol foi bom para mim e excelente para o mundo. O futebol pegou uma criança pobre, deu a ela um propósito e mostrou maravilhas por todos os cantos do mundo. E ajudou a criar amizades para a vida toda. E ainda trouxe grandes momentos para a minha família, memórias inesquecíveis. Durante a minha vida, eu vi o futebol unir pessoas em torno de comunidades, e tornar essas pessoas mais abertas ao mundo em volta delas. Eu vi e tenho visto como o esporte melhorou a vida de milhões de pessoas, tanto dentro como fora do campo. Para mim, pelo menos, é por isso que o futebol importa.

AGRADECIMENTOS

Pelé e Brian Winter agradecem a: Ray Garcia, Jen Schuster e toda a equipe da Celebra/Penguin por serem uma editora que enxerga longe, pelo trabalho duro e pelo apoio; Paul Kemsley, Chris Flannery, Theresa Tran e todo mundo da Legends 10; Celso Grellet, José "Pepito" Fornos Rodrigues, Patrícia Franco, Jair Arantes do Nascimento, Andrew Downie, Michael Collett, Ezra Fitz, Jérôme Champagne, Erica Winter, Saul Hudson, Todd Benson, Kieran Murray, Moisés Naím, à família Mitchell, Kenneth Pope, e à família Hendee. Em memória de Katherine Winter.

Título	Pelé – A importância do futebol
Autor	Edson Arantes do Nascimento
Diretor editorial	José Luiz Tahan
Editor	Rodrigo Simonsen
Tradutor	Marcelo Ferlin
Revisor	Martim Vasques da Cunha
Projeto gráfico	Gustavo Piqueira	Casa Rex
Formato	16 x 23 cm
Tipografia	Famílias tipográficas Knockout e Glosa Text
Papel	Pólen Soft 80g/m²
Número de páginas	224
Impressão	Edições Loyola